자식의 장래는
부모의 무릎에 달려있다

특별히 _____ 님께

이 소중한 책을 드립니다.

자녀를 위한 **30일 작정** 기도 교과서

자식의 장래는 부모의 무릎에 달려 있다

스토미 오마샨 지음

자녀를 위한 구체적인 기도 방법 제시!

7
우리 부모님은 이런 점이 달라요

제 1 일 / 11
기도하는 부모를 둔 자녀

제 2 일 / 35
하나님의 손에 맡긴 자녀

제 3 일 / 42
사고와 위험에서 보호받는 자녀

제 4 일 / 50
사랑받고 있음을 느낄 줄 아는 자녀

제 5 일 / 59
영원한 미래가 보장된 자녀

제 6 일 / 66
부모를 공경하며 반항하지 않는 자녀

제 7 일 / 73
가족 관계를 중시하는 자녀

제 8 일 / 79
본이 될 만한 사람과 경건한 친구가 있는 자녀

제 9 일 / 85
하나님의 것을 사모하는 자녀

제 10 일 / 91
하나님께서 주신 자기 모습을 사랑할 줄 아는 자녀

제 11 일 / 98
거짓을 버리고 진리를 따르는 자녀

제 12 일 / 105
건강과 치유의 삶을 누리는 자녀

제 13 일 / 111
적절하게 신체 관리를 할 줄 아는 자녀

제 14 일 / 117
배움의 의욕을 가진 자녀

제 15 일 / 122
하나님께서 주신 재능과 은사를 알고 있는 자녀

제 16 일 / 129
생명의 말씨를 쓰는 자녀

제 17 일 / 135
거룩함과 정결함에 끌리는 자녀

제 18 일 / 142
영적인 "방 청소"가 필요한 자녀

제 19 일 / 148
공포에서 해방된 자녀

제 20 일 / 154
건전한 정신을 가진 자녀

제 21 일 / 159
주님의 기쁨을 간직한 자녀

제 22 일 / 164
잘못된 집안 내력에서 구출받는 자녀

제 23 일 / 173
알콜, 마약, 기타 다른 중독을 피하는 자녀

제 24 일 / 178
성적(性的)인 부도덕을 거부하는 자녀

제 25 일 / 184
좋은 배우자를 만나는 자녀

제 26 일 / 191
용서할 줄 아는 자녀

제 27 일 / 198
회개하는 자녀

제 28 일 / 204
불경건한 요새를 파괴하는 자녀

제 29 일 / 211
지혜와 분별력을 구하는 자녀

제 30 일 / 216
믿음이 성장하는 자녀

부록 / 225
다른 부모들과 함께 기도합시다

우리 부모님은 이런 점이 달라요

우리 엄마는 정말로 훌륭한 어머니이다. 엄마는 내가 무엇을 하건 잘 해보라고 격려해 주었고 또 언제나 나를 도와주려고 애를 쓰셨다. 엄마가 나를 위해 기도해 주시고 사랑을 베풀어 주셔서 나는 참 감사하다. 엄마는 나를 위해 하루도 쉬지 아니하시고 기도하신다. 엄마가 늘 나를 위해 기도하셨기 때문에 내가 학교를 다닐 수 있었고 또 내가 살아갈 수가 있는 것이라고 생각한다. 엄마의 기도는 나에게 큰 힘이 되어 주었다. 그 기도 때문에 나는 지금 이 땅 위에서 살아있는 것이다.

한번은 엄마의 기도가 내 인생에 엄청나고도 놀라운 변화를 안겨준 적이 있었다. 전 같았으면 그런 일이 일어날 수 있으리라고는 상상도 못했을 것이다. 우리 학교에 한 아이가 있었는데, 그 아이는 아주 못되게 굴었다. 나는 그 애가 무서워서 그 애 옆에는 가고 싶지도 않았다. 엄마에게 말씀드리자 엄마는 그 애를 위해 기도해야겠다고 하셨다. 나도 그렇게 하는 것이 좋겠다는 생각이 들어서 우리는 거의 매일 하루도 빠지지 않고 함께 기도하였다. 그리고 그것은 한 학기가 끝나고 여름방학이 다 지나가도록 계속되었다. 그 다음 학기에 기적은 일어났다. 그 아이는 완전히 딴 사람으로 바뀌어서 나의 가장 친한 친구가 되었다. 그 사건은 내 삶에 큰 영향을 끼쳤으며 또 내게 일어났던 아주 멋진 사건 중에 하나이기도 하였다.

 엄마의 기도는 이루어졌다. 그러나 엄마의 기도가 항상 이루어지는 것은 아니다. 그렇지만 우리 기도가 즉각 응답받지 않았을 때에라도, 나 자신이 기도하고 또 누가 나를 위해 기도하고 있다는 그 자체만으로도 나는 마음이 한결 평안하게 느껴졌다. 하나님께 감사하고 또 우리 엄마한테 감사하다. 엄마, 고마워요.

아만다 오마샨(13세)

 나를 사랑해 주고 자상하게 배려해 주는 그러면서도 이해심이 많고 또 어떤 때는 재미있게 해주는 부모님이 있다는 것은 내가 받은, 정말 엄청난 축복이라는 사실을 나는 꼭 말하고 싶다. 우리 부모님이 갖고 계신 훌륭한 점 가운데 내가 가장 존경하는 것은 나와 내 여동생 그리고 우리의 매일매일의 삶을 위해 부모님이 쉬지 않고 기도하신다는 사실이다. 부모님의 기도가 내게 얼마나 큰 힘이 되었고 내 삶을 얼마나 크게 바꿔 놓았는지 말하라고 한다면 아마 엄마보다도 내가 더 할 말이 많을 것이다. 하지만 내 얘기를 듣자고 이 책을 구입한 독자는 없을 것이므로 여기서는 기도하는 부모를 가진 자녀로서 누렸던 많은 축복 가운데 가장 기억에 남는 일에 대해서만 잠깐 얘기하겠다.

 내가 살아오는 18년 동안 우리 부모님이 끊임없이 기도해 오신 것은 나의 안전 문제였다. 로스앤젤레스라는 대도시에서 성장해 오는 동안 그 기도는 온갖 위험에서 나를 막아주는 방패가 되었다. 고등학교 1학년 때 하나님께서 엄청난 교통사고에서 나를 지켜 주셨던 일을 나는 지금도 잊지 못한다. 어느 날 아침 친구 두 명과 함께 차를 타고 학교에 가는 중이었는데 안전띠를 매지 않은 상태에서 교차로에서 좌회전하는 다른 차와 거의 정면으로 충돌하였다. 한 친구는 자동차 앞 유리창 밖으로 몸이 튕겨 나가 중상을 입었고, 다른 친구는 얼굴을 자동차 핸들에 들이받았다. 나는 자동차 뒷좌석에 있어서 등허리에 가벼운 상처만 입었다. 죽을 수도 있었던 상황에서 하나님은 우리 차를 보호하셨고 우리 세 사람의 생명을 보전하셨다. 기도가 얼마나 중요한지를 절실히 깨달았던 것이 바로 그 때였다. 그리고 재난의 상황에서도 역사하시는 하나님의 그 놀라운 능력을 확실히 실감하게 되었다.

　내가 살아오는 동안 나를 위해 끊임없이 기도해 오신 부모님에게 나는 영원토록 감사를 드린다. 부모님의 기도는 나를 위험한 지경에서 구해 주셨을 뿐만 아니라, 나로 하여금 정직하고 도덕적인 인간으로서 항상 바른 길을 걸을 수 있게 해 주었다.

　나는 이제 18세(우리 나이로는 20세)가 되었으니까 우리 부모님의 기도 제목도 좀 바뀌었을 것이라는 생각을 해본다. 내가 빨리 결혼을 해서 조용한 집안에서 부모님들만의 호젓한 시간을 누릴 수 있게 해달라고 기도하고 계시는 것은 아닐지.

크리스토퍼 오마샨(18세)

"네 마음을 주의 얼굴 앞에
물 쏟듯 할지어다
… 네 어린 자녀의 생명을 위하여
주를 향하여 손을 들지어다"(애 2:19).

제 1 일

기도하는 부모를 둔 자녀

기도하는 부모가 되는 것은 모든 직업 중에서 가장 좋은 일을 차지하는 것입니다. 그것은 물론 가장 어려운 일이기도 하지요. 최고의 기쁨을 가져다 줄 때도 있고, 말할 수 없는 고통을 안겨 주기도 합니다. 기도하는 부모가 되는 것만큼 신나고 성취감을 맛볼 수 있는 것도 없을 것입니다. 또 기도하는 부모만큼 힘이 들고 기운이 빠지는 것도 없을 것입니다. 모든 것들이 순조롭게 잘 돌아가고 있을 때는 삶의 구석구석이 모두 성공작으로 느껴질 수가 있습니다. 그러나 일이 제대로 잘 되어가지 않을 때에는 매사가 다 실패작으로 보일 것입니다.

"자녀 양육!"
이 말을 들으면 서로 모순되는 감정들이 표면으로 솟구

칩니다. 우리는 아이들을 키울 때 우리가 할 수 있는 최선을 다하려고 애를 씁니다. 그런데 이제는 아이를 어떻게 키워야 하는지 어느 정도 알겠다 하는 그 때, 아이는 또 한 살을 먹고 새로운 단계로 접어들어 부모에게 전혀 새로운 일거리를 만들어 주기 마련입니다. 그 때 우리 부모들은 전혀 생소한 세상에 들어선 것 같은 기분이 듭니다. 어떤 때는 순풍을 타기도 하고, 어떤 때는 휘몰아치는 폭풍우나 파도와 싸울 때도 있습니다. 너무나 피곤하고 지쳐서 그만 포기해 버리고 싶기까지 합니다. 될 대로 되라는 식의 자포자기지요.

그렇지만 내게 좋은 방법이 있습니다. 부모들은 더 이상 이 변화의 소용돌이에서 이리저리 시달리고 있을 필요가 전혀 없습니다. 우리 아이들의 소중한 삶도 그저 우연에다만 맡겨서는 더 이상 안 됩니다.

우리 부모들은 안절부절 발을 구르거나 손톱을 물어뜯고, 조바심에 손가락 마디를 우드득 우드득 꺾거나, 고집통의 세살배기들과 그 끔찍한 십대 아이들을 두려워할 필요가 없습니다. 각각의 발달 단계가 초래하는 새로운 걱정거리들을 두려워하면서 살지 않아도 되고, 어디에 무슨 위험이 도사리고 있을지 걱정하면서 살지 않아도 됩니다. 또 완벽한 부모가 되지 않아도 됩니다. 그것은 지금 당장 시작할 수가 있는 그런 것입니다. 그것은 우리 아이들의 장래에 아주 도움이 될 것입니다. 그것은 결코 너무 일러서 안 될 때도 없고 너무 늦었다고 할 때도 없습니다. 아이가 엊그제 태어났는데 아직까지 별문제가 없다든지, 아니면 서른 살인데도 알콜 문제 때문에 이혼을 해야 할 형편에 있든지 그것은 상관없습니다. 우리 자녀들은 어느 단계에 있든지 우리의 기도를 필요로 하며 또 거기에서 대단한 유익을 얻을 것입니다. 요는 이것을 당장 내 혼자 힘으로만 하려고 할 것이 아니라, 언제나 탁월한 부모가 되시는 우리 하나님 아버지께 도움을 구해야 한다는 것입니다. 그리고 한 번에 한걸음씩 걷듯이, 우리 자녀들의 생활을 낱낱이 기도로 아뢰야 합니다. 이렇게 기도하면 보통 사람들이 상상할 수 없는 엄청난 능력을 체험하게 됩니다. 정말이지 기도하는 부모가 체험하는 그 능력을 제발 과소평가하지 마시기 바랍니다.

나는 사실 자랄 때 좋은 부모님의 모습을 보지 못했습니다. 어머니가 혼자 나를 키우셨는데, 어머니는 정신 이상이 있는데다 나를 학대까지 하셨습니다. 내가 어떻게 학대를 받았으며 또 거기서 어떻게 기적적으로 회복이 되었는지에 대해서는 나의 책 『스토미』(Stormie, 미국 하베스트 출판사간)에서 쓴 바가 있습니다. 그리고 나의 첫아들 크리스토퍼를 키우면서 나도 자식을 학대하는 부모가 될 수 있는 가능성이 있음을 깨달았다는 이야기도 했습니다. 내가 발견한 사실은, 하나님이 함께하지 아니하시면 우리 역시 과거의 실수를 되풀이할 수밖에 없고 우리가 보고 자란 대로 똑같이 행동할 수밖에 없다는 것입니다. 어릴 적의 한 장면이 당신의 머리 속을 순간적으로 스쳐 지나가고, 그래서 당신 삶의 어떤 연약한 순간에 자기도 모르게 그렇게 하고 맙니다. 그것은 너무나도 순식간에 일어나기 때문에 어떻게 자제할 도리가 없으며, 그 때문에 결국은 자녀에게 치명적인 말을 하거나 행동을 하게 됩니다. 이것은 죄책감과 어우러져 더욱 복잡한 양상을 띠며, 때로는 고질적인 죄책감 때문에 사람이 아주 비참한 지경에까지 처하기도 합니다. 감사하게도 나는 훌륭한 상담과 도움을 받을 수가 있었기 때문에 아이에게 나쁜 일이 생기기 전에 이 문제를 극복할 수가 있었지만, 대개는 이런 행운을 누리기가 쉽지 않습니다.

본받을 만한 좋은 부모의 모습을 본 경험이 전혀 없다는 사실을 뼈저리게 인식하고 있었기 때문에, 첫아이가 태어났을 때 나는 신경이 쓰이고 걱정이 되었습니다. 내가 받은 식대로 아이에게 할까 봐 겁이 났습니다. 자녀 양육에 관한 책이라면 닥치는 대로 읽었고, 기독교 자녀 양육 세미나라는 세미나는 다 찾아 다녔습니다. 여기서 배운 온갖 훌륭하고도 유익한 정보를 활용해서 최선을 다해 보았지만 그것만으로는 충분치가 못했습니다. 아들의 사회적, 영적, 정서적, 정신적 성장과 관련해서도 걱정거리가 셀 수 없이 많았지만, 그 중에서도 나를 가장 괴롭히는 것은 그 아이에게 무엇인가 좋지 않은 일이 생기면 어떻게 하나 하는 것이었습니다. 유괴, 익사, 사고, 부상, 질병, 성적(性的)인 문제, 학대, 또는 사망 등 이 모든 것들이 그 아이의 미래에 일어날지도 모른다는 생각이 내 머리에서 늘 떠나지 않았습니다. 과민한 부모가 되지 않으려고 애쓰는 그만큼이나 신문, 잡지, 텔레비전 뉴스에서는 매일 범죄 사건들을 보도하고 있는데, 그것들은 아이의 안전을 염려하는 내 마음에 더욱 근심거리를 만들어 주었습니다. 게다가 우리는 범죄가 들끓는 대도시 로스앤젤레스에서 살고 있었습니다. 그것은 내가 해결할 수 있는 그 이상의 것이었습니다.

어느 날 나는 기도 중 하나님께 부르짖었습니다.
"하나님, 이것은 내가 할 수 있는 일이 아닙니다. 하루 24시간은 커녕, 일 분 일 초도 아들을 지킬 수가 없는데, 어떻게 하면 항상 마음 편안하게 지낼 수가 있을까요?"
그 다음 몇 주간 동안 하나님은 크리스토퍼를 하나님께 맡기라고 내 마음에 말씀하셨습니다. 남편과 나는 교회 예배시간에 우리 아들을 하나님께 바쳤지마는 하나님께서는 그 이상을 원하셨습니다. 하나님은 우리가 크리스토퍼를 매일 매일 계속해서 그분께 드리기를 바라셨습니다. 그렇다고 해서 부모로서의 모든 책임을 지금 다 포기하라는 것은 아닙니다. 오히려 우리가 하나님과 완전한 동반자 관계에 있음을 선포하는 것입니다. 하나님은 그 무거운 짐을 지시고 우리보다 훨씬 뛰어나신 지혜와 힘, 보호와 능력을 공급해 주십니다. 우리는 "늙어도 그것을 떠나지 아니하리라"는 것을 알기 때문에 "마땅히 행할 길을 아이에게 가르치고" (잠 22:6), 버릇을 들이고, 양육을 하기 위해 우리의 할 바를 다하는 것입니다. 우리는 아이를 잘 키우게 하시는 하나님을 의지해야 했고, 하나님은 우리 아이의 삶이 복되도록 인도하셨습니다.

우리가 해야 할 것 중 가장 중요한 부분은, 우리 아이의 하루하루를 세밀하게 기도로 아뢰는 것이었습니다. 이렇게 하는 동안, 구체적으로 기도하게 하시는 성령님의 인도하심으로 나는 내 마음속에 오고 가는 모든 걱정, 근심과 염려, 혹은 생길 수 있을지도 모르는 장면들이 무엇인지를 알게 되었습니다. 크리스토퍼를 위해 기도하고 그 아이를 하나님 손에 맡기자, 하나님은 그 모든 근심, 걱정에서 나를 해방시켜 주셨습니다. 그렇다고 해서 단 한 번의 기도로 그 모든 문제가 영원히 해결되었다는 뜻은 아닙니다. 적어도 얼마간은 그 무거운 짐에서 해방되었다는 말입니다. 걱정, 근심이 다시 표면으로 부상하면, 나는 다시 그것을 위해 기도했습니다. 우리 아이에게 나쁜 일이 절대 일어나지 않을 것이라고 하나님께서 약속을 하신 것은 아닙니다. 그러나 기도함으로 하나님의 능력이 아이의 생활 속에 역사하였고, 그래서 나는 그러는 동안 좀더 많은 평안을 누릴 수가 있었습니다.

그리고 또 한 가지 배운 것이 있습니다. 기도할 때 내 자신의 뜻을 아이에게 강요하려고 해서는 안 된다는 것이었습니다. 그렇게 하면 불만과 실망만 생길 뿐입니다. 당신은 내가 어떤 종류의 기도를 하려 하는지 알 것입니다. 왜냐하면 우리 모두가 그런 기도를 하는 경향이 있으니까요. "하나님, 크리스토퍼가 자라서 저의 제일 친한 친구의 딸과 결혼하게 해 주세요"(그 아이의 부모들은 좋은 장인, 장모님이 될 테니까).
또는, "주님, 제 딸 아만다가 일류 학교에 들어가게 해 주세요"(그러면 내 어깨가 으쓱해질 테니까).

물론 괄호 속에 있는 말을 인정하려고 하지는 않겠지만 어쨌든 우리 마음속 어딘가에 그런 생각들이 있는 것은 사실입니다. 그런 생각들은 묘하게 우리를 부추겨서 우리가 하고 싶은 것을 하나님의 귀에 속삭이게 만듭니다. 그래서 나는 좀더 좋은 기도 방법을 찾아냈는데, 그것은 이렇게 하는 것입니다.
"주님, 이 아이를 위해 어떻게 기도해야 할지 가르쳐 주세요. 이 아이를 주님의 방법으로 키울 수 있도록 도와주세요. 그리고 주님의 뜻이 이 아이의 삶에 나타나게 해 주세요."

크리스토퍼가 태어난 지 4년 반 후에 딸 아만다가 태어 났는데, 그 무렵 하나님께서는 내게 깊이 기도하는 게 어떤 것인지, 진실로 우리 아이의 삶을 위해 중보기도를 한다는 것이 무엇인지를 가르쳐 주셨습니다. 그 후 12년 동안 하나님께서는 여러 가지 놀라운 방법으로 내 기도에 응답해 주셨으며 오늘도 나는 그 기도의 결과를 목격하고 있습니다.

남편과 나는 하나님의 손이 우리 아이들의 삶을 주장하고 있음을 알고 있으며 아이들 또한 그것을 인정합니다. 왜냐하면 부모가 기도할 때 아이의 삶에 스며드는 것은 바로 하나님의 능력이기 때문입니다.

기도란 무엇이며 어떻게 역사할까요?

기도는, 마치 하나님이 하늘에 계신 산타클로스라도 되는 양, 자기가 원하는 것들의 목록을 제시하는 것 그 이상의 무엇입니다. 기도는 하나님의 임재를 인정하고 체험하는 것이며 그분의 임재를 우리 삶과 상황 속에 모셔들이는 것입니다. 기도는 하나님의 임재를 구하는 것이며, 우리로 하여금 어떤 문제라도 이겨낼 수 있도록 방편을 제공해 주시는 하나님의 능력을 붙드는 것입니다.

성경은 "무엇이든지 너희가 땅에서 매면 하늘에서도 매일 것이요 무엇이든지 땅에서 풀면 하늘에서도 풀리리라"

(마 18:18)고 말씀합니다. 하나님은 우리에게 이 땅에서 권세를 주십니다. 우리가 그 권세를 받아들일 때, 하나님은 하늘로부터 우리에게 능력을 부어 주십니다. 그것은 하나님의 능력이지 우리의 것이 아니기 때문에, 우리는 하나님의 능력이 흐르는 도구가 되는 것입니다. 우리가 기도할 때 우리의 모든 기도 제목들 위에 하나님의 능력이 임하게 되며, 또한 우리의 연약함을 통해서 하나님의 능력이 역사하게 됩니다. 기도할 때 우리는 하나님 앞에 우리 자신을 낮추게 되며, "하나님, 하나님의 임재와 능력이 필요합니다. 하나님 없이 저는 이것을 도저히 할 수 없습니다" 하고 고백하게 됩니다. 우리가 기도하지 않는 것은, 마치 나는 모든 것을 할 수 있다고 장담하는 것과 같습니다.

예수님의 이름으로 기도하는 것이야말로 하나님의 능력을 체험하는 중요한 열쇠가 됩니다. 예수께서 말씀하시기를, "내가 진실로 진실로 너희에게 이르노니 너희가 무엇이든지 아버지께 구하는 것을 내 이름으로 주시리라"(요 16:23)고 하셨습니다. 예수님의 이름으로 기도할 때 하나님께서는 우리에게 대적 마귀를 이길 수 있는 권세를 주십니다. 또한 예수님의 이름으로 하는 그 기도 자체가 하나님의 신실하심(약속하신 바를 반드시 이루시는 신실하심)에 대한 우리의 믿음을 증명하는 증표이기도 합니다. 하나님께서는 우리가 무슨 생각을 하고 있으며 또 무엇이 필요한지 이미 다 알고 계십니다. 그렇지만 하나님은 우리의 기도를 듣고 거기에 응답해 주시는 것을 기뻐하십니다. 그러기에 주님께서는 매사에 우리에게 선택의 자유를 주십니다. 예수님의 이름으로 기도함으로써 예수님을 주님으로 신뢰하고 순종할 것인지 말 것인지 하는 문제도 우리가 선택할 사항입니다.

 기도하면, 기도하는 우리 자신뿐만 아니라 우리가 위하여 기도하는 사람들에게까지도 영향을 미치고 감동을 시킵니다. 아이들을 위하여 기도할 때면 우리는 하나님께서 그 아이들의 생활에 항상 함께하여 주셔서 그 아이들에게 유익이 되도록 강하게 역사해 주시기를 기도합니다. 그렇다고 해서 언제나 즉각 응답을 받는다는 뜻은 아닙니다. 몇 날, 몇 주간, 몇 달, 또는 심지어 몇 년이 걸릴 수도 있습니다. 그러나 우리의 기도가 헛것이 되거나 의미가 없어지는 것은 결코 아닙니다. 기도하고 있으면, 우리가 눈으로 볼 수 있는 것이건 볼 수 없는 것이건간에, 하여간 무슨 일이 일어나기 마련입니다.
"의인의 간구는 역사하는 힘이 많으니라"(약 5:16).
우리의 삶과 우리 아이들의 삶에 필요한 모든 것은 하나님의 임재와 권능이 없이는 생겨날 수가 없습니다. 하나님의 임재와 권능을 임하게 하고 점화시키는 것은 다름 아닌 바로 기도입니다.

구체적인 기도 제목부터 정하라

실제로 나는 아이를 잉태했을 때부터 아이들을 위해 기도하기 시작했습니다. 성경에 이르기를, "너의 가운데 자녀에게 복을 주셨으며"(시 147:13)라고 하셨기 때문입니다. 나는 기도의 능력을 믿었습니다. 그렇지만 그 때 당시 내가 미처 깨닫지 못했던 것은, 우리 생활의 조그마한 것 하나 하나가 하나님께는 얼마나 중요한 것인지 모른다는 사실이었습니다. 당장의 걱정거리를 위해 기도하는 것만으로는 충분치가 않습니다. 장래를 위해 기도해야 합니다. 과거에 일어났던 좋지 못한 일들이 우리에게 나쁜 영향을 끼치지 못하도록 기도해야 합니다. 다윗 왕은 자기가 저질렀던 죄악 때문에 번민에 빠져 있었고 장래의 결과를 두려워하긴 했지만(시 143편), "될 대로 되라지" 하는 식으로 사태를 수수방관하지는 않았습니다. 다윗 왕은 자기 인생의 과거와 현재 그리고 미래에 대해서도 하나님께 부르짖었습니다. 그가 정말이지 기도하지 않은 것은 아무것도 없었습니다. 바로 이것이 우리가 해야 할 일입니다.

이 일을 효과적으로 수행하기 위해서는, 아이 하나 하나를 위해 개별적으로 구체적인 기도 제목을 작성해야겠다는 생각이 들었습니다. "내가 하나 하나 구체적으로 기도하지 않으면 하나님께서는 들어주시지 않을 거야" 하는 일종의 율법적인 망상 때문이 아닙니다. 하나님께서 나의 관심사 하나 하나를 들으셨다는 것을 내가 아니까 마음이 훨씬 편안해졌다는 말을 하고 싶을 따름입니다. 그래서 1년에 한 번씩 가족끼리 바닷가로 휴가를 갈 때면 아무도 일어나기 전인 이른 아침 시간을 기다렸다가 하나님과 함께 기도 제목을 작성하곤 했습니다. 종이와 연필을 준비하여 자리를 잡고 앉아 바다를 바라보며, 다음 열두 달 동안 아이들 각각을 위해 어떻게 기도해야 할지 알려 달라고 하나님께 기도하였습니다. 결국은, 이 아이가 필요한 것이 무엇인지 또 장래에 어떤 일을 당할지 아실 분은 오직 하나님 한 분뿐이었으니까요. 성경은 이렇게 말씀합니다.
"여호와의 친밀함이 경외하는 자에게 있음이여 그 언약을 저희에게 보이시리로다"(시 25:14).
하나님은 우리가 구할 때 우리에게 그것을 나타내 보이십니다. 하나님께서는 언제나 내게 만족스럽게 알려 주셨으며, 나는 우리 아이 하나 하나를 위한 기도 제목들을 가지고 집으로 돌아왔습니다. 그리고 나서 1년 동안 그 때 그 때 필요할 때마다 기도 제목을 더해 갔습니다.

그 때 그 기도 제목들을 적은 종이를 보관하고 있는데, 지금 그것들을 다시 보면서 내 기도가 모두 응답된 것을 보니, 부모가 기도할 때 우리 아이들의 삶에 역사하시는 하나님의 그 신실하심에 다시금 놀라지 않을 수가 없습니다.

우리의 무기인 하나님의 말씀

우리 자녀들의 삶의 전투는 우리 부모들의 무릎에 달려 있습니다. 우리 부모들이 기도하지 않는다는 것은 마치, 총알이 사방에서 날아오는 전쟁터에 있는 아이들을 옆에서 구경하며 앉아 있는 것과 같습니다. 우리가 기도할 때, 우리는 아이들을 위해 싸우시는 하나님의 능력을 보며 아이들과 함께 그 전투에 참여하는 것입니다. 우리가 기도를 통해 하나님의 말씀을 선포한다면, 천하무적의 강력한 무기를 휘두르는 셈이 됩니다.

"하나님의 말씀은 살았고 운동력이 있어 좌우에 날선 어떤 검보다도 예리하여"(히 4:12) 그 어떤 것이라도 꿰뚫을 수가 있습니다. 하나님은 이렇게 말씀하십니다.
"내 입에서 나가는 말도 헛되이 내게로 돌아오지 아니하고 나의 뜻을 이루며 나의 명하여 보낸 일에 형통하리라"(사 55:11).

다시 말해서, 하나님의 말씀은 효과를 보지 못할 때나 열매가 없을 때가 전혀 없습니다. 뒤에 제가 각각의 기도 본보기 다음에 여러 개의 성경 구절을 적어 놓은 것도 바로 그러한 이유 때문입니다. 아이들을 위해 기도할 때 적절한 성경 구절을 기도 속에 말씀하십시오. 기도할 때 성경 구절이 생각나지 않는다고 해서 기도를 중단하지는 마십시오. 그러나 생각이 날 때는 한두 구절 인용을 하십시오. 그러면 굉장한 일이 생기는 것을 보게 될 것입니다.

개인 경건의 시간에 성경을 읽는다거나, 또 성령의 인도하심을 따라 자녀를 위해 기도한다면 생각보다 훨씬 더 많은 성경 구절을 찾아낼 수 있을 것입니다. 그렇지만, 기도할 때마다 매번 다른 구절을 인용해야 한다는 말은 아닙니다. 아이를 위해 중보기도를 하는 어느 일정 기간 동안 한두 구절을 반복해서 사용할 수도 있습니다. 예를 들어, 우리 딸아이가 학교에서 아주 고전을 하고 있을 때, 그것을 위해 함께 기도할 때마다 나는 빌립보서 4장 13절을 인용하여 그 아이의 힘을 북돋아 주곤 하였습니다.
"내게 능력 주시는 자 안에서 내가 모든 것을 할 수 있느니라."
혼자 그 일을 위해 기도할 때에는 그 말씀에다 시편 34편 17절을 덧붙였습니다.
"의인이 외치매 여호와께서 들으시고 저희의 모든 환난에서 건지셨도다."

기도에다 하나님의 말씀을 도입할 때는 하나님께서 우리에게 하신 약속을 꽉 붙잡았으며, 또 그 말씀을 우리 아이들의 생활에 적용시켰습니다. 하나님께서는 말씀을 통해서 우리를 인도하시고, 우리에게 말씀하시며, 하나님은 신실하시다는 사실을 우리에게 상기시켜 주셨습니다. 그래서 우리들의 마음속에 믿음을 키워 주시고 또 하나님의 마음을 우리가 이해할 수 있도록 도우십니다. 우리가 하나님의 마음을 알면 우리는 담대하게 믿음으로 기도하게 되며, 그분의 진리와 그분의 뜻과 또 하나님께서 우리에게 위임해 주신 권한이 무엇인지를 알게 됩니다.

예수께서는 사단과 대면하면서 그를 책망하신 바 있습니다. 사단을 꾸짖으면서 예수님은 하나님 말씀을 인용하셨습니다. 예를 들어, 사단이 예수께 "네가 만일 내게 절하면 다 네 것이 되리라" 했을 때, 예수님은 "주 너의 하나님께 경배하고 다만 그를 섬기라 하였느니라"(눅 4:7,8)고 하셨습니다.

예수님은 우리의 본이 되십니다. 우리는 그분이 하시는 것을 잘 보고 그분이 하신 것을 우리도 해야 합니다. 예수께서 이렇게 말씀하셨습니다.
"내가 진실로 진실로 너희에게 이르노니 나를 믿는 자는 나의 하는 일을 저도 할 것이요 또한 이보다 큰 것도 하리니 이는 내가 아버지께로 감이니라"(요 14:12).
"너희가 내 안에 거하고 내 말이 너희 안에 거하면 무엇이든지 원하는 대로 구하라 그리하면 이루리라"(요 15:7).
성경에서 가르치는 대로 하나님께 기도하면, 그리고 예수 그리스도를 통해 우리에게 주신 권세를 우리가 알고 있으면, 훨씬 효과적으로 사단을 물리칠 수가 있습니다.

우리가 주님을 잘 관찰하고,

주님과 함께 걸으며,
주님을 섬기며,
주님을 경배하며,
주님의 말씀대로 살아가면,
우리 아이들을 위한 영적 싸움에서 우리는 반드시 승리할 것입니다.

아이들을 위해 기도할 때마다, 당신이 마치 그 아이들의 인생을 중간에서 중재하고 있는 것처럼 그렇게 기도하십시오. 부모가 할 일은 정확히 그 일이기 때문입니다. 잊지 마십시오. 하나님께서 우리 아이들의 인생을 위한 완벽한 계획을 세우시는 반면, 사단은 사단대로 자기 계획을 세우고 있다는 사실을 염두에 두십시오. 사단의 계획이란 우리 아이들을 망가뜨리는 일이어서 어떤 수단을 써서라도 그렇게 하려고 할 것입니다. 마약, 섹스, 알콜, 반항, 사고, 질병 등. 하지만 기도를 통해서 사단의 힘이 분산된다면 이런 것 중 그 어느 하나도 제대로 힘을 쓰지 못하게 될 것입니다. 마태복음 12장 29절은 이렇게 말씀합니다.
"사람이 먼저 강한 자를 결박하지 않고야 어떻게 그 강한 자의 집에 들어가 그 세간을 늑탈하겠느냐 결박한 후에야 그 집을 늑탈하리라."
다시 말해서, 먼저 사단을 결박해서 힘을 못쓰게 만들지 않고서는 사단의 영역에 우리가 아무 영향도 끼칠 수 없다는 말입니다. 사단을 기도로 묶어 놓음으로써 우리 아이들에게 접근하는 것을 막을 수가 있습니다.

우리가 아이들에게 하나님의 길과 하나님의 말씀을 가르치지 않고 하나님의 법을 존중하게 하지 않는다면, 또 이 아이들을 훈련시키고 지도하며, 거룩한 선택을 하도록 도와주지 않는다면, 사단은 여러 가지 못된 짓을 할지도 모릅니다. 잠언 22장 6절은 이렇게 말씀합니다.
"마땅히 행할 길을 아이에게 가르치라 그리하면 늙어도 그것을 떠나지 아니하리라."
부모가 이 일을 하지 않을 때 아이들은 반항을 하게 되고 선택을 잘못해서 하나님의 보호 우산 밖으로 빠져 나가게 될 수도 있습니다. 기도하고 하나님의 법도와 말씀 안에서 적절하게 아이들을 가르치면, 이런 일이 생기지 않으며 하나님의 계획은 성공하고 사단의 계획은 좌절될 것입니다. 야고보서 4장 7절은 이렇게 말씀합니다.
"마귀를 대적하라 그리하면 너희를 피하리라."
기도로 사단의 계획을 결박하는 것이 곧 마귀를 대적하는 것입니다. 우리 아이들을 위해서 부모가 마귀를 대적해 주면 아이들은 경건한 선택을 하게 됩니다.

사단은 항상 우리 아이들에게 불리한 일거리를 만들어서 이 아이들의 생활 속에 접근을 꾀합니다. 그러나 부모가 성경 말씀으로 무장하고 있으면, 이제 사단은 하나님의 말씀과 대결하지 않을 수 없습니다. 성경은 무엇이라고 말씀합니까?
"이제 우리 하나님의 구원과 능력과 나라와 또 그의 그리스도의 권세가 이루었으니 우리 형제들을 참소하던 자 곧 우리 하나님 앞에서 밤낮 참소하던 자가 쫓겨났고 또 여러 형제가 어린양의 피와 자기의 증거하는 말을 인하여 저를 이기었으니 그들은 죽기까지 자기 생명을 아끼지 아니하였도다"(계 12:11).
예수께서 십자가에서 죽으심으로 참소자의 허리는 꺾어졌

습니다. 그러나 사단은, 하나님께서 사단을 제압하는 권세를 주신다는 사실을 모르는 사람들을 여전히 괴롭히고 있습니다. 그래서 우리가 기도를 하는 것입니다. 마귀를 대적하는 강력한 증거인 하나님의 말씀을 사용하여 부모가 기도로써 참소자의 요새를 완전히 파괴시켜 버릴 때까지는, 우리 아이들은 고자질을 당하는 자리에 있을 수밖에 없습니다.

기도 응답의 본보기

우리 아들이 두 살 가량 되었을 무렵부터 남편과 나는 우리 집에서 정기적인 기도 모임을 갖게 되었습니다. 우리 교회에서는 소규모 가정 그룹을 조직하였는데 그 중 하나를 우리가 인도하게 되었습니다. 시간이 지남에 따라 우리 그룹에서 기도할 필요가 있는 것들이 너무 많아져서 한 달에 한 번 모이는 것으로는 충분치가 않다는 것을 깨닫게 되었습니다. 그래서 어른들끼리 기도하기 위해서 매달 하룻밤을 더 모이기로 하였습니다. 그 때 당시 우리는 기도 제목 아닌 것이 없다시피 하였는데, 그 중에서도 자녀들을 위해서 기도해 달라는 요청이 가장 많았습니다. 그 결과, 아이들과 함께, 또 아이들을 위해서 기도에 전념할 수 있는 날이 하루 필요하다고 생각되었습니다. 우리는 이 중보기도 시간을 「우리 아이들의 삶을 위해 중보기도하는 날」이라고 이름 지었는데, 이 시간은 여러 사람들에게 알려져서 기도 요청을 해오는 사람들이 날로 많아졌습니다. 사실 이 책의 골자는 이미 20년 전 그 기도 그룹에서 만들어졌다고 해도 과언이 아닙니다. 그것이 얼마나 중요한 일인지 그 때는 아무도 감히 짐작을 하지 못했습니다. 우리는 단지 주님의 인도하심을 따라 중보기도를 어떻게 하는지를 배우며 그 수많은 기도들이 응답을 받을 때 함께 증거하며 기뻐했을 따름이었습니다(그룹이 함께 모여 아이들을 위해 중보기도하는 시간을 어떻게 조직하는 것이 좋은지 알고 싶으면 부록에 있는 「다른 부모들과 함께 기도합시다」를 참조하십시오).

마태복음 18장 19절은 이렇게 말씀합니다.
"진실로 다시 너희에게 이르노니 너희 중에 두 사람이 땅에서 합심하여 무엇이든지 구하면 하늘에 계신 내 아버지께서 저희를 위하여 이루게 하시리라."
또한 신명기 32장 30절에는 "어찌 한 사람이 천을 쫓으며 두 사람이 만을 도망케 하였을까" 하였습니다. 열 사람의 부모가 함께 모여 자기 자녀들을 위해 하나님께 부르짖을 때 그 힘이 얼마나 강력하겠습니까?

이 책을 쓸 때 내가 요절로 삼은 말씀 중에 이런 하나님의 명령이 있습니다.
"네 마음을 주의 얼굴 앞에 물 쏟듯 할지어다 각 길머리에서 주려 혼미한 네 어린 자녀의 생명을 위하여 주를 향하여 손을 들지어다"(애 2:19).
부모가 우리의 어린 자녀들을 위하여 뜨거운 마음과 간절한 마음으로 기도하고 그 기도가 응답되기를 기다려야 한다는 것을 이 말씀보다 어떻게 더 명확하게 표현할 수 있겠습니까?

지난 20년 동안 우리 모임에서 받은 기도 응답이 얼마나 많은지 그 모임에 나왔던 부모와 아이들의 간증만으로도 책을 한 권 쓸 수 있는 정도였습니다. 그 중에서도 내 기억에 뚜렷이 남아 있는 한 가지가 있는데, 그 이유는 그것이 우리의 맨 첫번 기도 시간의 첫 열매였는데다가 우리 그룹 모두에게 기도해 달라고 요청해 온 절실한 기도 제목이었기 때문입니다.

혼자 아이를 키우고 있는 낸시가 자기 딸 자넷을 위해 기도해 달라는 요청을 해왔습니다. 자넷은 주님을 알고 있기는 했지만 자기 부모님들이 이혼을 한 데 대해서 너무나 실망이 되고 상처를 받은 나머지 주님으로부터 멀리 떨어져 나가 살고 있었습니다. 우리가 자넷을 위해 특별히 기도한 것 중의 하나는 자넷을 보호해 달라는 것이었습니다. 왜냐하면 하나님의 복의 우산 아래에서 뛰쳐나가 살기로 작정한 아이들은 온갖 해를 다 받을 우려가 있다는 것을 우리는 알고 있었기 때문이었습니다. 기도한 지 몇 주가 안 되어서 자넷은 밤늦게 고속도로에서 차를 몰고 있었는데 음주 운전을 하던 자가 다른 차선에서 전속력으로 달리다가 자넷을 정면으로 들이받았습니다. 의사는 자넷이 죽지 않은 것이 기적이라고 했습니다. 죽지는 않았지만, 자넷은 머리와 목, 어깨 그리고 등에 중상을 입었습니다.

끊임없는 기도와 물리치료 덕분에 결국 자넷은 육체적으로나 영적으로 완전히 회복되었습니다. 자넷과 그 애 어머니, 그리고 우리 기도한 모든 사람들은, 그 사고가 나기 전 우리가 그 애 생명을 위해 기도하지 않았던들 그 아이는 살지 못했을 것이라고 믿습니다. 이제 자넷은 행복한 결혼을 하여 예쁜 딸을 두었고 헌신적인 주님의 사람이 되었습니다. 자넷은 8년 동안 우리를 위해 비서와 조수로서 수고하였습니다. 자녯을 볼 때마다 우리는 기도하는 부모의 힘이 어떤 것인지를 생각하곤 합니다.

응답이 오지 않을 때

아이들을 위해 기도하면서 겪는 가장 어려운 일은 아마도 우리 기도가 응답되기를 기다리는 일일 것입니다. 어떤 때는 기도 응답이 빨리 올 때도 있지만 그렇지 않을 때도 많이 있습니다. 기도가 빨리 응답되지 않을 때는 실망스럽기도 하고 낙심이 되기도 하며 하나님께 화가 나기도 합니다. 모든 것에 희망이 없어 보일 때 우리는 그만 두 손을 들고 싶어집니다. 또 어떤 때는 그 아이를 위해 우리가 할 바를 다했고 기도도 열심히 했는데도 아이가 선택을 잘못해서 쓰디쓴 열매를 거둘 때도 있습니다. 그런 것을 바라보고 있어야 하는 것은, 자녀의 나이가 많고 적음을 떠나서 부모로서 참으로 견디기 힘든 일입니다.

   아이들이 잘못된 선택을 했을 때에라도 스스로를 자책하거나 기도를 쉬어서는 안 됩니다. 아이와 계속 대화의 문을 열어 놓고, 그 아이를 위해 기도하며, 하나님의 말씀에 착념하는 것이 좋습니다. 포기하지 말고 더욱 기도에 힘을 쓰기로 결심하십시오. 다른 교인들과 함께 기도하는 것도 좋은 방법입니다. 굳건하게 두 발을 딛고 서서 이렇게 말하십시오.
"나는 이제 겨우 싸움을 시작했을 뿐이다."
그 싸움에서 내가 할 몫은 기도하는 일이라는 것을 잊지 마십시오. 실제로 싸움은 하나님께서 하시는 것입니다. 그리고 또 한 가지 기억해야 할 것은 이 싸움이 아이와의 싸움이 아니라 사단과의 싸움이란 사실입니다. 우리의 적은 사단이지 우리 아이가 아닙니다. 아이의 삶에 놀라운 변화가 올 때까지 굳건히 서서 기도하십시오.

이런 인내심에 관해 말씀하신 성경 구절 중에 우리 용기를 북돋아 주는 말씀은 바로 다윗이 시편 18편 37~39절에서 한 말입니다.

> "내가 내 원수를 따라 미치리니 저희가 망하기 전에는 돌이키지 아니하리이다 내가 저희를 쳐서 능히 일어나지 못하게 하리니 저희가 내 발 아래 엎드러지리이다 대저 주께서 나로 전쟁케 하려고 능력으로 내게 띠 띠우사 일어나 나를 치는 자로 내게 굴복케 하셨나이다."

다윗은 이 전쟁이 다 끝날 때까지 결코 쉬지 않았습니다. 우리도 쉬지 않아야 합니다. 응답을 받을 때까지 계속 기도해야 하겠습니다.

만일 하나님께 화가 나거나 아이를 도저히 용서하지 못할 것 같을 때는(아무리 사랑이 많은 부모라도 이런 감정이 생길 수 있습니다) 하나님께 솔직히 그렇다고 아뢰십시오. 실망이 되고 낙심이 될 때는 그렇다고 분명히 말씀드리십시오. 부정적인 감정과 죄의식을 가지고 살아가면 하나님과의 사이가 멀어질 수 있습니다. 그러지 마십시오. 자신의 감정을 모두 정직하게 하나님과 나누고 그런 다음 용서해 주시기를 간구하십시오. 그리고 그 다음에 어떤 단계를 밟아야 하는지 가르쳐 달라고 기도하십시오. 무엇보다 제일 중요한 것은, 기도가 응답되지 않았다고 실망해서 기도하기를 쉬는 일은 결단코 하지 않아야 한다는 것입니다.

"기도하라"고 했지 "완벽하라"고 하지는 않았다

아이들 일이 잘 되어가지 않을 때 우리는 내가 무엇인가 잘못했기 때문인가 보다고 자책하게 됩니다. 부모 노릇을 완벽하게 하지 못했다고 우리 자신을 탓합니다. 그러나 아이들의 인생에 진정 필요한 것은 완벽한 부모가 아닙니다. 왜냐하면 이 세상에 완벽한 부모란 없기 때문입니다. 우리 중에 완벽하다고 할 만한 부모는 한 사람도 없습니다. 그렇다면 어떻게 하면 바람직한 부모가 될 수 있을까요? 중요한 것은 완벽한 부모가 되는 일이 아니라 기도하는 부모가 되는 일입니다. 그것이라면 "우리가" 다 할 수 있는 일입니다. 사실 그 "우리가" 꼭 부모여야 할 필요는 없습니다. 친구라도 좋고, 선생님, 할머니, 할아버지, 이모, 숙모, 삼촌, 이웃 사람, 보호자, 아니면 한 아이에게 동정심과 관심을 가진 사람이라도 좋습니다. 그 아이는 신문에서 읽은 누구일 수도 있고, 그 아이는 또 우리가 부모의 심정을 가지고 바라보는 어른일 수도 있습니다.

혹 기도하지 않는 부모를 둔 아이를 알고 있다면, 우리가 지금 당장 그 틈 사이에 끼어들어서 그 필요를 충족시켜 줄 수도 있습니다. 우리가 관심을 가지고 있는 그 어떤 아이의 삶에라도 우리는 변화를 가져오게 할 수가 있습니다. 정말 필요한 것은 "하나님, 어떻게 기도하면 이 아이의 삶에 놀라운 변화를 가져올 수 있는지 가르쳐 주십시오" 하고 기도할 수 있는 마음입니다. 마음이 준비되었으면 이 책에 나와 있는 기도로 시작하고 성령이 어디로 인도하시는지 주시하십시오.

각 과의 끝에 우리가 사용할 수 있는 기도문의 예들을 실어 놓았습니다. 한 달 동안 하루에 하나씩 기도하셔도 좋고, 한 기도문을 일 주일 동안 계속하셔도 좋습니다. 아니면, 다음 기도문으로 옮기는 것이 좋겠다는 생각이 들 때까지 가장 관심 있는 기도에만 집중하셔도 좋습니다.

이 기도를 하고 싶은 만큼 되풀이하십시오. "똑같은 기도 제목으로 나한테 또 나오고 또 나오고 하지 마라"고 하나님은 제지하시지 않습니다. 계속 기도하되 기도 속에 헛된 말을 되풀이하지 말라고 하십니다.

그리고 우리가 잊지 말아야 할 것은, 기도를 할 때 꼭 시간은 지켜야 한다거나, 꼭 이 기도문대로 해야만 할 필요는 없다는 것입니다. 이것은 단지 계속 기도하도록 안내해 주는 역할을 할 따름입니다. 하나님께 먼저 자기 자신을 굴복시키고 하나님이 원하시는 부모, 중보자가 되게 해달라고 기도하는 것부터 하십시오. 성령이 인도하시는 대로 기도하고, 성령이 당신의 아이를 위해 당신의 마음속에 하시는 말씀에 귀를 기울이십시오.

당신의 기도에 응답이 있었다는 소식이 기다려집니다.

기도

주님, 내 자신을 주님께 드립니다. 주님이 원하시는 방법대로 아이를 양육한다는 것은 나의 인간적인 능력 밖에 있음을 깨닫습니다. 나를 도우실 분은 주님이시며, 그래서 나는 주님이 필요함을 알고 있습니다. 나는 주님의 협력자가 되고 싶습니다. 그리고 주님의 지혜와 분별력, 계시와 지도력을 함께 나누고 싶습니다. 나는 또한 주님의 힘과 인내심도 필요합니다. 주님의 한량없으신 사랑의 분량이 내 속에도 흐르기를 원합니다. 주님이 사랑하는 것처럼 나도 사랑하게 하여 주시옵소서. 주님의 치료하심과 구원하심, 변화시키시고 성숙하게 하시고, 온전하게 하시는 능력이 필요한 곳에 오셔서 역사하여 주시옵소서. 주님 앞에서 의롭고 순결하게 살아갈 수 있도록 도와주시옵소서.

주님의 길을 가르쳐 주시고, 주님의 명령에 순종할 수 있게 하시며, 주님 보시기에 기뻐하시는 일만 할 수 있도록 하여 주옵소서. 주의 영의 아름다움이 내 안에 분명히 나타나사 나로 하여금 경건한 부모 역할을 잘 감당할 수 있게 도와주옵소서. 내게 꼭 필요한 대화의 기술과, 가르치고 양육하는 기술을 주옵소서. 주님이 원하시는 부모로 만들어 주시고, 이 아이의 삶을 위해 어떻게 기도해야 할지를 가르쳐 주시옵소서. 주님, 주께서 말씀하시기를, "너희가 기도할 때에 무엇이든지 믿고 구하는 것은 다 받으리라"(마 21:22)고 하셨습니다. 이 아이를 위해 기도하라고 깨우쳐 주신 모든 것들을 믿을 수 있도록 나의 믿음을 키워 주시기를 예수님의 이름으로 기도합니다. 아멘.

싸움에서 이기는 나의 무기

"너희가 나를 택한 것이 아니요 내가 너희를 택하여 세웠나니 이는 너희로 가서 과실을 맺게 하고 또 너희 과실이 항상 있게 하여 내 이름으로 아버지께 무엇을 구하든지 다 받게 하려 함이니라"(요 15:16).

"완전히 행하는 자가 의인이라 그 후손에게 복이 있느니라"(잠 20:7).

"너희가 내 이름으로 무엇을 구하든지 내가 시행하리니 이는 아버지로 하여금 아들을 인하여 영광을 얻으시게 하려 함이라 내 이름으로 무엇이든지 내게 구하면 내가 시행하리라"(요 14:13,14).

"또 아비들아 너희 자녀를 노엽게 하지 말고 오직 주의 교양과 훈계로 양육하라"(엡 6:4).

"구원의 투구와 성령의 검 곧 하나님의 말씀을 가지라 모든 기도와 간구로 하되 무시로 성령 안에서 기도하고 이를 위하여 깨어 구하기를 항상 힘쓰며 여러 성도를 위하여 구하고"(엡 6:17,18).

제 2 일

하나님의 손에 맡긴 자녀

첫 아이 크리스토퍼가 태어났을 때, 나는 마음이 안절부절 편안치가 못했습니다. 이것저것 모든 것이 다 걱정이 되었기 때문이었습니다. 누가 이 아이를 안고 있다가 떨어뜨리지는 않을까, 목욕탕 욕조에 빠지지는 않을까, 치명적인 질병을 앓지는 않을까, 개한테 물리지는 않을까, 자동차 사고를 당하면 어쩌나, 유괴를 당하거나 길을 잃어버리면 어떻게 하나 하는 걱정으로 겁이 나기까지 하였습니다. 하나님께 순종하여 기도를 했다기보다는, 정말 어쩔 수가 없어서 하나님께 이런 것에 대해 부르짖어 기도했습니다. 그런데 하나님은 즉각 내 마음에, 크리스토퍼는 하나님께서 주신 선물이라는 것과 그러므로 우리 아들을 우리들보다 더 걱정하는 분은 하나님이라는 사실을 상기시키셨습니다.

나는 "너희 염려를 다 주께 맡겨 버리라"는 베드로전서 5장 7절 말씀이 생각나서 그 말씀대로 내 염려를 하나님께 맡겨 버리기로 하였습니다.
"하나님, 아들은 내게 가장 큰 걱정거리입니다. 그래서 이 아이를 주님 손에 맡깁니다. 오직 하나님만이 이 아이를 올바르게 키우실 수가 있고 또 안전하게 지키실 수가 있습니다. 저는 더 이상 이 문제로 혼자 애태우지 않고 하나님과 더불어 해결해 나가겠습니다."

그 때부터 시작해서, 무엇인가 두려운 마음이 들 때는 그것을 마음의 평안이 올 때까지 기도하라는 신호로 즉각 받아들였습니다. 마음의 평안이 얼른 찾아오지 않을 때에는 그렇게 될 때까지 한두 명의 다른 기도 파트너와 함께 기도하였습니다. 하루 하루 나는 우리 아들을 하나님께 맡겼으며 하나님께서 그 아이의 하루 하루를 살펴 주시기를 간구하였습니다. 이렇게 하니까 근심 걱정이 사라졌으며 아이를 키우는 일이 점점 즐거운 일이 되어갔습니다.

몇 년 동안 아이 하나 하나를 위해서 이런 식의 기도를 수도 없이 하였습니다. 교회 영아실에 아이를 처음으로 맡기던 주일 아침에도 이 기도를 하였습니다. 아이들이 아이 보아주는 아줌마 집에서 한밤을 보내야 했을 때, 그 아이들이 처음 유치원에 가던 날, 아이가 다쳐서 상처를 꿰매야 했을 때, 그 아이를 병원 수술실에 두고 나와야 했을 때, 친구 집에서 처음으로 아이들이 주말을 보내게 되었을 때, 워싱턴으로 비행기를 타고 견학을 갔을 때, 매년 캠프에 갔을 때마다, 아들이 처음으로 혼자서 자동차를 운전하던 아침, 그리고 그 애가 축구를 할 때마다 나는 이 기도를 드렸습니다.

얼마 전에 아들을 또 한번 하나님 손에 맡겨야 했었는데, 이번에는 아들이 대학을 가기 위해 집을 떠나야 했기 때문이었습니다. 헤어져야 하는 이 순간이 오기까지 나는 수도 없이 많이 울었습니다. 우리 생활이 전과 같아질 수 없다는 것을 깨달았기 때문이었습니다. 그런데 이 기념비적인 날이 오기 직전 하나님은 이 말씀을 생각나게 하셨습니다.
"너희는 기쁨으로 나아가며 평안히 인도함을 받을 것이요 산들과 작은 산들이 저희 앞에서 노래를 발하리라"(사 55:12).

이 말씀과 더불어 하나님께서는 우리 아이를 객지로 내보내는 처음의 고통이 있은 후에는 아이와 우리 부부에게 기쁨과 평안이 있을 것을 깨닫게 해 주시고 또 확신도 주셨습니다. 아이들이 인생의 어느 단계에 와 있든지간에 우리가 그 아이들을 하나님께 맡기기만 하면 그 아이들은 능력의 장중에 있는 것임을 알고 있었기 때문이었습니다. 아이들은 평안과 기쁨으로 나아갈 것이며 하나님께서 그 아이들을 위해 길을 평탄하게 해 놓으신 줄 우리는 알고 있었습니다. 또 하나님께서는 우리 부부를 위해서도 그렇게 하실 것입니다. 이보다 더 큰 위안이 어디 있겠습니까? 이런 것이 있었기 때문에 크리스토퍼를 일학년 기숙사에 입사시키기 위해 학교로 가던 날, 나는 오직 하나님께서만 주실 수 있는 기쁨과 평안을 누릴 수가 있었습니다. 그리고 나는 산과 작은 산들이 노래하는 소리를 들었습니다.

앞으로도 아이들을 하나님 손에 맡겨야 할 일이 아직도 많이 남아 있습니다. 그 중에서 가장 큰일은 그 아이들이 결혼할 때일 것입니다. 이 생각을 할 때마다 아들을 위해 기도하였던 한나 이야기가 생각납니다. 하나님께서 한나의 기도에 응답하셔서 한나는 사무엘을 낳았습니다. 나중에 한나는 이렇게 말했습니다.

"이 아이를 위하여 내가 기도하였더니 여호와께서 나의 구하여 기도한 바를 허락하신지라 그러므로 나도 그를 여호와께 드리되 그의 평생을 여호와께 드리나이다" (삼상 1:27,28).

한나는 사무엘을 하나님께 드리기로 철저히 작정하였기 때문에 사무엘이 젖을 떼었을 때 그를 하나님의 전(殿)으로 데려가 엘리 제사장과 살게 하였습니다. 하나님께 서원했던 바를 지키기 위해서 그렇게 했던 것입니다. 그렇지만 염려하지 마십시오. 당신 아이를 목사님과 사모님이 키워야 하니까 교회 사무실에 갖다 주라고 하나님께서 요구하시지는 않을 테니까요. 요는, 한나는 자기 아이를 하나님께 맡겼고 또 하나님께서 지시하시는 대로 했다는 것입니다. 그 결과 사무엘은 특출한 선지자가 되었습니다.

아이들을 부모 품안에서 감싸고 부모 혼자 힘으로만 키우면서 하나님이 우리 아이들에게 하실 수 있는 일을 제한하는 것은 우리가 원하는 바가 아닙니다. 하나님이 우리 아이들의 삶을 주장하신다는 것을 믿지 못하면, 우리는 두려움에 휩싸이게 됩니다. 그리고 하나님이 주관하신다는 사실을 확실히 하는 유일한 길은, 아이를 움켜 쥐고 있던 그 마음을 포기함으로써 하나님께서 이 아이의 삶에 온전히 접근하실 수 있게 해드리는 것입니다. 우리는 하나님의 말씀과 하나님의 법도를 따라서 살아가며, 모든 것을 하나님께 기도함으로써 그렇게 할 수 있습니다. 하나님께서 우리보다 우리 아이들을 훨씬 더 잘 보살펴 주실 줄을 우리는 믿습니다. 하나님 아버지의 장중에 우리 아이들을 맡기고, 그분이 우리의 생활과 아이들의 생활을 주관하실 것을 믿을 때 우리는 지금보다 더 큰 평안을 누릴 수가 있습니다.

부모는 아이들이 가는 곳마다 따라다닐 수가 없습니다. 그러나 하나님은 아이들이 가는 곳마다 함께하실 수가 있습니다. 우리는 아이들이 하는 것을 다 볼 수가 없습니다. 그러나 하나님은 하실 수가 있습니다. 우리 자녀가 몇 살이건 상관없이, 그 아이들을 하나님의 손에 맡긴다는 것 자체가 우리가 하나님을 믿으며 신뢰한다는 증거이며, 또한 그 아이들의 인생에 무엇인가 큰 변화를 가져다 주게 하는 첫걸음이 됩니다. 우리 아이들을 위해 하는 기도는 바로 여기서부터 시작됩니다.

기도

주님, 예수님의 이름으로 하나님께 나아갑니다. 그리고 우리 ○○(아이의 이름)를 하나님께 드립니다. 이 아이에게 가장 좋은 것이 무엇인지 아시는 분은 오직 하나님 한 분뿐이신 줄을 제가 압니다. 하나님만이 이 아이에게 지금 필요한 것이 무엇인지 아십니다. 이 아이를 맡기오니 보호하고 인도하여 주시옵소서. 제가 이 아이를 위해 생각하는 것이나 하나님께서 제 마음에 생각나게 하시는 것들을 하나님께 기도하기로 다짐합니다. 어떻게 기도해야 할지 가르쳐 주옵시고 무엇에 대해 기도해야 할지 인도하여 주시옵소서. 이 아이를 위해 기도할 때 저 자신의 뜻대로 기도하지 않게 하옵시고, 이 아이의 인생에 하나님의 뜻이 이루어지기를 위해 기도할 수 있게 하옵소서.

이 아이를 키우는 일에 하나님의 파트너가 되게 해 주신 것을 감사합니다. 그리고 이 일을 저 혼자서 하지 않아도 되게 해 주셔서 감사합니다. 자주 바뀌어 믿을 것이 없는 세상의 자녀 양육 방법을 따르지 않게 하시고, 하나님께 기도할 때 주시는 지혜와 하나님의 말씀으로부터 분명한 지시를 받을 수 있게 해 주셔서 감사합니다.

하나님, 이 아이를 선물로 주셔서 감사합니다. 모든 좋은 것은 하나님께로부터 온다고 하나님의 말씀이 가르치고 있기 때문에, 하나님께서 이 아이를 돌보고 양육하라고 주신 줄을 압니다. 이 일을 잘 할 수 있도록 도와주시옵소서. 이 아이의 어떤 면을 계속 주시해야 하는지 깨닫게 하옵시고, 또한 이 아이를 하나님의 보호와 인도하심에 맡길 수 있게 하옵소서. 위험의 가능성 때문에 두려워하지 않게 하옵시고, 하나님의 주관하심을 아는 평안과 기쁨의 삶을 살게 하옵소서. 모든 일에 하나님을 의지합니다. 그래서 오늘도 이 아이를 하나님께 맡기오며, 하나님의 손에 드리나이다. 예수님의 이름으로 기도합니다. 아멘.

싸움에서 이기는 나의 무기

"너희가 악한 자라도 좋은 것으로 자식에게 줄 줄 알거든 하물며 하늘에 계신 너희 아버지께서 구하는 자에게 좋은 것으로 주시지 않겠느냐"(마 7:11).

"여호와의 인자하심은 자기를 경외하는 자에게 영원부터 영원까지 이르며 그의 의는 자손의 자손에게 미치리니 곧 그 언약을 지키고 그 법도를 기억하여 행하는 자에게로다"(시 103:17,18).

"그들의 수고가 헛되지 않겠고 그들의 생산한 것이 재난에 걸리지 아니하리니 그들은 여호와의 복된 자의 자손이요 그 소생도 그들과 함께 될 것임이라"(사 65:23).

"자식은 여호와의 주신 기업이요 태의 열매는 그의 상급이로다"(시 127:3).

"무엇이든지 구하는 바를 그에게 받나니 이는 우리가 그의 계명들을 지키고 그 앞에서 기뻐하시는 것을 행함이라"(요일 3:22).

제 3 일

사고와 위험에서 보호받는 자녀

우리가 가장 절박하고도 간절하게 기도할 때는 흔히 아이의 안전 보호 문제 때문일 때가 많았습니다. 아이의 안전 문제가 극도로 염려가 될 때에는 다른 것들은 생각해 볼 여유조차 없게 됩니다. 아이에게 미래가 있을지조차 걱정되는 형편에 그 아이의 장래에 다가올 일들을 위해 기도가 되겠습니까?

아들 인생의 첫 7년 동안과 딸아이의 첫 12년 동안을 로스앤젤레스에서 살았으므로 아이들의 안전에 대해 두려워할 만한 충분한 이유가 내게는 있었습니다. 그 당시 범죄율은 나날이 높아지고 있어서, 동네가 좋다는 우리 동네마저 전혀 안전을 보장해 주지는 못했습니다. 그래서 하나님께서 아이들을 보호해 주시기를 날마다 기도하지 않을 수가 없었습니다. 사실 아이들의 안전 보호를 위한 기도는 아이들이 태어나기 전부터 시작했습니다. 요람에서 죽는 일이 없기를, 유아 질병에서 보호해 주시기를 기도하였습니다. 아이들이 점점 자라나면서부터는 폭력과 위협, 사고에서 보호해 주시기를 기도하게 되었습니다. 혼자 기도하기도 하고, 남편과 기도하기도 하고, 기도 파트너와 기도하기도 하였습니다.

"주의 날개 그늘 아래 감추사 나(아이들)를 압제하는 악인과 나(아이들)를 에워싼 극한 원수에게서 벗어나게 하소서"(시 17:8,9).

어디가 좀 긁히거나 베이거나 하는 등 아동 시절에 흔히 겪는 부상들을 두 아이 역시 다 겪었습니다. 그 중에는 두어 번 병원 응급실 신세를 지거나 몇 바늘 꿰매는 일도 있었습니다. 그러나 아이들에게 심각한 상태를 초래할 만한 일은 생기지 않았습니다. 이 책의 앞 부분에서 이야기했던 것처럼 아들이 자동차 사고를 당하기 전까지는 적어도 그랬습니다.

어느 날 이른 아침, 열다섯 살인 크리스토퍼와 열 살인 아만다를 각각 합승 통학차에 태워 학교로 떠나 보낸 지 얼마 안 되어서, 부모라면 누구라도 무서워하는 그런 전화를 받았습니다.

"오마샨 부인, 댁의 아들은 괜찮아요. 하지만 교통사고를 당해서 지금 병원 응급실에 있대요. 거의 정면 충돌이었는데, 그 차를 타고 있던 세 아이가 하나같이 다 안전 벨트를 매지 않고 있었다지 뭐예요."

병원으로 가는 동안 남편과 나는 세 아이를 위해 계속 기도했습니다. 기도 중에, 전에 그 아이를 붙잡고 자동차 사고에서 보호해 주시기를 기도했던 때들이 생각났습니다. 또 크리스토퍼에게 일러주곤 했던 성경 말씀도 생각이 났습니다.
"저희가 너를 위하여 그 사자(使者)들을 명하사 네 모든 길에 너를 지키게 하심이라 저희가 그 손으로 너를 붙들어 발이 돌에 부딪히지 않게 하리로다"(시 91:11, 12).

하나님은 우리 기도에 응답을 하시고, 하나님의 약속은 언제나 신실합니다. 나는 그것을 알고 있었습니다. 만일 크리스토퍼가 자동차 사고를 만났다면, 거기에는 하나님과 그 천사들도 반드시 함께 계셔 그 아이를 보호하고 계실 것입니다. 그러자 하나님을 경외하는 의로운 사람에 대해 성경이 어떻게 말씀하는지가 생각났습니다.
"의인은 영원히 기념하게 되리로다 그는 흉한 소식을 두려워 아니함이요 여호와를 의뢰하고 그 마음을 굳게 정하였도다"(시 112:7).
나는 드디어 모든 이해를 초월하여 하나님께서 주시는 평안을 느끼기 시작하였습니다.

사고 당시 크리스토퍼는 미식(美式) 축구 유니폼이 들어 있는 커다란 가방을 무릎 위에 놓고 자동차 뒷좌석에 타고 있었다는 것을 병원에 도착했을 때 알았습니다. 앞좌석의 등받이와 부딪힐 때의 충격을 이 가방이 감해 주었기 때문에 크리스토퍼는 무릎이 까지고 등덜미가 좀 아픈 정도에서 그칠 수가 있었던 것입니다. 앞좌석 승객석에 타고 있던 아이는 유리창을 뚫고 나가 중상을 입었습니다. 운전자는 자동차 핸들을 들이받아 안면에 열상을 입었습니다. 자동차가 완전히 박살난 것은 물론입니다.

 안전 벨트의 중요성에 대해 아이들에게 그렇게도 일러 주었건만 아직도 매지 않고 있었다는 사실을, 우리나 다른 아이들의 부모나 믿을 수가 없었습니다. 그 지침을 잘 따랐다면 전혀 다치지 않았을는지도 모릅니다. 그러나 좋은 소식은, 만일 우리가 이전에 기도하지 않았다면, 그 애들은 사망을 했거나 중상을 입어 평생 불구가 되었을지도 모른다는 것입니다. 우리 모두는 그 아이들을 위해 예수님의 이름으로 기도했기 때문에 그들이 그나마 살아남을 수 있었다는 것을 알았기에 우리는 하나님께 감사하였습니다.

 기도하는 부모가 되면 아이에게 나쁜 일이 전혀 일어나지 않는다거나 그 아이들이 고통을 전혀 겪지 않을 것이라는 말이 아닙니다. 그런 일은 반드시 생깁니다. 왜냐하면 고통은 타락한 이 세상에서는 어쩔 수 없이 삶의 한 부분일 수밖에 없기 때문입니다. 그러나 성경은 우리의 기도가 아이들이 어려움을 당하지 않도록 하는 데 대단히 중요한 역할을 한다고 분명히 말씀합니다. 혹시 고통스러운 일이 생겼을 때에라도, 그것이 아이들을 위해 유익이 될지언정 해가 되지 않도록 아이들은 그 와중에서도 보호를 받게 될 것입니다.

 다음 경우에도 하나님의 말씀은 우리의 기도와 우리의 평안에 아주 중요한 역할을 합니다. 로스앤젤레스에서 사는 동안 우리 가족과 나 자신의 안전 보호를 위해 얼마나 많이 기도했는지 그 수효를 헤아릴 수 없을 정도입니다.

여기 저기서 날뛰는 폭력으로부터 우리를 보호해 주십사고 기도할 때마다 나는 이 성경 구절을 인용하곤 했습니다.
"주께서 나를 내 원수들에게서 구조하시니 주께서 실로 나를 대적하는 자의 위에 나를 드시고 나를 강포한 자에게서 건지시나이다"(시 18:48).
"여호와를 찬송할지어다 견고한 성에서 그 기이한 인자를 내게 보이셨음이로다"(시 31:21).

캘리포니아에서는 지진이 또 하나의 중요한 걱정거리였습니다. 그것 때문에 많이 기도했는데, 특히 매일 밤 잠자리에 들기 전에 기도를 했습니다. 내가 지금껏 경험했던 참혹한 지진들은 생각만 해도 제대로 잠을 이룰 수가 없을 정도였습니다. 지진이 일어나면 자다가도 벌떡 깨게 되는데, 일어나 보면 칠흑 같은 어둠 속에 주위에 있는 모든 물건들이 흔들거리고 있고 고막이 찢어질 정도로 때리는 천둥 소리보다 더 무서운 소리들이 들려왔습니다. 그런 일은 평생 잊혀지지 않으므로 자주 일어나서는 안 됩니다. 지진이 일어날지도 모른다는 생각 때문에 온 식구를 위해 기도하지 않고 잠자리에 드는 일은 없었습니다. 나는 기도할 때 언제나 이 말씀을 인용했습니다.

> "하나님은 우리의 피난처시요 힘이시니 환난 중에 만날 큰 도움이시라 그러므로 땅이 변하든지 산이 흔들려 바다 가운데 빠지든지 바닷물이 흉용하고 뛰놀든지 그것이 넘침으로 산이 요동할지라도 우리는 두려워 아니하리로다"(시 46:1~3).

어려운 일이 일어나는 와중에서도 안전하게 지키시겠다

는 약속을 하고 있는 말씀이기는 했지만, 나는 그 이상을 요구하는 기도를 드렸습니다.

"하나님, 지진이 일어나지 않기를 기도합니다. 그러나 지진이 일어나야 한다면 그 때 우리가 여기에 있지 않게 해 주시기를 원합니다. 그렇기는 하지만, 우리가 여기 있는 것이 주님의 뜻이라면, 그 지진에서 우리를 보호해 주시기를 간절히 기도합니다."

1994년 1월 17일, 지진이 노스리지 지역을 강타하기 전 우리가 다른 지역으로 이사하게 되었던 것은 바로 하나님께서 이 기도에 응답하신 결과라고 확신합니다. 그 지진이 있고 나서 두 달쯤 지난 후 나는 아들과 그 피해 지역을 가 보았는데 피해가 얼마나 컸던지 그 참혹상에 몸서리를 치지 않을 수 없었습니다. 전에 우리가 살았던 집은 완전히 풍비박산이 나 있었습니다. 하나님께서 우리를 어떻게 구원하셨으며 기도 응답의 손길이 어떻게 우리에게 임했는지 생각해 볼 때 우리는 경외심에 떨지 않을 수 없었습니다.

만일 우리가 그 지진을 당했다 하더라도, 다른 많은 사람들을 기적적으로 살아남게 하셨듯이, 하나님께서는 그 속에서도 우리를 보호하셨을 줄 나는 믿습니다. 재난이란 어디서든 일어나기 마련입니다. 문제는 기도하는 것과 하나님께서 응답해 주실 줄로 믿는 일입니다.

기도하지 아니하면 일어나지 않을 일이 기도하면 일어납니다. 만일 오늘 우리가 기도하지 아니하면 우리 아이들에게 생길지도 모르는 일은 무엇이고, 또 생기지 아니할 수도 있는 일은 무엇일까요? 그것이 무엇인지 알아보려고 기다리는 미련한 짓은 하지 맙시다. 지금 당장 하나님께 무릎을 꿇읍시다.

기도

주님, 우리 ○○(아이의 이름)를 위해 하나님께 기도합니다. 이 아이의 둘레에 보호의 울타리를 쳐주시기를 간구합니다. 그 어떤 종류의 악이나 해도 이 아이의 영혼과 몸과 마음을 상치 못하도록 보호해 주시옵소서. 사고와 질병, 부상, 또는 다른 신체적, 정신적, 정서적 학대를 당하지 않도록 보호해 주시기를 특별히 기도합니다. "이 재앙이 지나가기까지" 이 아이가 "주의 날개 그늘 아래"(시 57:1) 피하게 하시기를 간구합니다. 이 아이에게 접근하는 그 어떤 악의 영향으로부터도 이 아이를 숨겨 주시옵소서. 드러나지 않은 위험으로부터 아이를 안전하게 보호해 주시고 모든 흉기로부터 이 아이를 지켜 주시옵소서. 보호해 주시겠다고 여러 번 약속하신 것을 생각할 때 무한 감사합니다. 이 아이가 하나님의 길로 행하게 하시고 하나님의 뜻에 순종하며 하나님의 보호의 우산 아래서 결단코 벗어나지 않도록 도와주시옵소서. 이 아이가 무슨 일을 하든지, 어디에 있든지, 안전하게 지켜 주시옵소서. 예수님의 이름으로 기도합니다. 아멘.

싸움에서 이기는 나의 무기

"지존자의 은밀한 곳에 거하는 자는 전능하신 자의 그늘 아래 거하리로다 내가 여호와를 가리켜 말하기를 저는 나의 피난처요 나의 요새요 나의 의뢰하는 하나님이라 하리니"(시 91:1,2).

"네가 물 가운데로 지날 때에 내가 함께할 것이라 강을 건널 때에 물이 너를 침몰치 못할 것이며 네가 불 가운데로 행할 때에 타지도 아니할 것이요 불꽃이 너를 사르지도 못하리니"(사 43:2).

"무릇 너를 치려고 제조된 기계가 날카롭지 못할 것이라 무릇 일어나 너를 대적하여 송사하는 혀는 네게 정죄를 당하리니 이는 여호와의 종들의 기업이요 이는 그들이 내게서 얻은 의(義)니라 여호와의 말이니라"(사 54:17).

"네가 말하기를 여호와는 나의 피난처시라 하고 지존자로 거처를 삼았으므로 화가 네게 미치지 못하며 재앙이 네 장막에 가까이 오지 못하리니"(시 91:9,10).

"내가 평안히 눕고 자기도 하리니 나를 안전히 거하게 하시는 이는 오직 여호와시니이다"(시 4:8).

제 4 일

사랑받고 있음을 느낄 줄 아는 자녀

아이들이 처리해야 할 것 중에 가장 힘든 일은, 아이들 마음속에 진실을 가장하고 찾아오는 다음과 같은 거짓말들입니다.
"나는 사랑을 못 받고 있어."
"아무도 나를 인정해 주지 않아."
"내가 좋은 일을 해 주어도 감사하게 생각하는 사람은 아무도 없어."
"나는 매력이 없어."
"나는 별로 착하지도 못해."
"나는 너무 뚱뚱해."
"너무 갈비씨야."
"너무 꺽다리야."
"키가 너무 작아."

"똑똑하지도 못해."
"나는 너무 약아서 탈이야."
"나는 너무 못하는 게 없어."

이런 거짓말들은 아이들이 십대(十代)로 접어들면서 더욱 불어나서 어떤 경우는 어른이 되어서까지도 버리지를 못합니다. 그렇기 때문에 아이 자신이 사랑받고 있음을(첫째는 하나님께, 그 다음은 가족에게, 그 다음은 친구들과 다른 사람들에게) 느낄 수 있게 해달라고 기도하는 일은 아무리 서둘러도 이른 것이 아니라고 나는 확신합니다. 우리는 아이들이 아기였을 때 이 기도를 시작하였습니다. 당신의 아이가 지금 몇 살이건간에 그 아이들의 평생 동안 이 일에 대해 기도하십시오.

사랑을 받는 것의 반대는 거부당하는 것입니다. 누구나 한두 번쯤은 이런 경험이 있을 것입니다. 당혹감과 창피를 느끼거나, 실패, 실수를 했거나, 또는 다른 사람이 내가 한 일에 대해 인정을 해주지 않아서 섭섭했거나 하는 이런 경험을 해보지 않은 사람이 우리 중 몇 명이나 있을까요? 가족이 그랬든, 친구나 또는 전혀 모르는 사람이 그랬든, 이런 거부감은 우리 모두에게 생기기 마련입니다. 어떤 사람은 이런 일을 당하고서도 훌훌 털어버릴 수가 있습니다. 사실은 자신이 사랑받고 인정받고 있음을 마음 깊은 곳에서는 알고 있기 때문이지요. 그러나 어떤 사람은 이렇게 거부당하는 일이 하나 하나 쌓여갈 때마다 마음에 깊은 상처를 입을 수가 있습니다. 그래서 사랑받고 있다고 느끼지 못하면 그 사람의 인격이 삐뚤어져서 몹시 추악한 사람이 되고 말지요. 우리가 신문에서 날마다 접하는 그 대부분의 악한 사건의 밑바닥에는 이 거부감이 원인 제공자로서 숨어 있기 마련입니다.

해고당한 한 직원이 전에 다니던 직장을 찾아가 자기 상사와 동료들에게 칼을 휘두릅니다. 아내한테 인정받지 못하던 남편이 자기 아내를 구타하거나 살해합니다. 다른 사람들한테 따돌림받던 한 어머니가 자기 아이를 학대합니다. 남한테 인정받지 못하면 사람 속에 있는 가장 악한 것이 쏟아져 나옵니다. 일단 인정을 받지 못한다고 느낀 사람은 매사를 그렇게 해석하게 됩니다. 그냥 쳐다보기만 해도, 나쁜 말이 아닌데도, 별로 대수롭지 않은 행동에도 남이 나를 무시한다고 느낍니다. 그러나 사랑받고 있다고 생각하는 사람은 똑같은 응시나, 말, 행동이라도 별로 대수롭지 않게 생각합니다. 실제로는 그렇지 않았더라도 일단 그 사람이 그렇다고 믿어버리면, 그 결과는 실제로 거부당한 경우와 마찬가지로 해를 끼칩니다.

그러나 하나님의 사랑은 이 모든 것을 변화시키실 수가 있습니다. 하나님이 우리를 사랑하고 우리를 용납하신다는 것을 알기만 하면 우리 인생에는 변화가 일어납니다. 하나님께서는 이렇게 말씀하십니다.
"내가 너를 택하고 싫어버리지 아니하였다"(사 41:9).
"내가 무궁한 사랑으로 너를 사랑하였다"(렘 31:3).
그리고 하나님은 "우리가 아직 죄인 되었을 때에 그리스도께서 우리를 위하여 죽으심으로 하나님께서 우리에게 대한 자기의 사랑을 확증하셨습니다"(롬 5:8). 그 위에 덧붙여 우리를 안심시키시기를 "사망이나 생명이나 천사들이나 권세자들이나 현재 일이나 장래 일이나 능력이나 높음이나 깊음이나 다른 아무 피조물이라도 우리를 우리 주 그리스도 예수 안에 있는 하나님의 사랑에서 끊을 수 없으리라"(롬 8:38,39)고 했습니다.

 우리 아이들이 이 진리를 이해할 수 있게 우리는 기도해야 합니다. 이것이야말로 사랑과 용납이 그 아이들의 인격 속에 든든히 뿌리를 내릴 수 있게 하는 바탕이 됩니다.

 사람의 인생에 궁극적으로 가장 중요한 것이 하나님의 사랑이기는 하지만, 그래도 아이들이 제일 먼저 느끼는 것은 "우리 부모가 나를 사랑하시는구나" 혹은 "우리 부모는 날 사랑하지 않으셔" 이 둘 중 하나입니다. 아이가 제일 먼저 경험하는 것도 부모의 사랑이고, 아이가 제일 먼저 알게 되는 것도 부모의 사랑입니다. 사실 부모의 사랑은 흔히 아이들이 하나님의 사랑에 실제로 자신을 맡기게 되는 수단이 되며, 인생의 초창기에 하나님의 사랑을 이해하게 되는 통로가 됩니다. 그렇기 때문에 아이들이 태어났을 때부터 부모는 "하나님, 하나님께서 원하시는 방법으로 아이를 사랑하게 도와주시고, 어떻게 하면 내가 아이를 사랑하는 줄을 아이에게 깨닫게 할 수 있는지 가르쳐 주옵소서" 하고 기도해야 합니다. 그러나 당신의 자녀가 지금 나이가 들었는데 당신이 보기에 그 아이가 사랑받고 있다고 느끼지 못한다고 생각이 되면, 지금 당장 하나님께 구하여 그 아이의 마음에 하나님의 사랑이 스며들어가서 마음 문을 열어 부모의 사랑과 다른 사람의 사랑을 받아들이게 해달라고 기도하십시오.

 아이에게 사랑한다는 것을 알려 주려면 어떻게 해야 하

는지 가르쳐 달라고 하나님께 간구하십시오. 그리고 과거사를 자꾸 생각나게 해서 당신에게 죄책감의 올무를 씌우려고 하는 마귀의 말에 귀를 기울이지 마십시오. 당신은 마귀의 계략을 이미 알고 있습니다.

"네가 못된 부모이기 때문에 네 아이가 미움받고 있다고 느끼는 것이야."

"네가 부모 노릇을 제대로 했다면 네 아이가 너의 사랑을 못 느끼는 일은 없었을 거야."

"아무도 너를 사랑하는 사람은 없어. 그런 네가 어떻게 다른 사람을 사랑할 수 있다는 거야?"

이런 것들은 모두 지옥 밑바닥에서 올라오는 거짓말이며 아이의 인생을 망치려는 사단의 계획의 한 부분입니다.

이런 점에서 죄책감이나 낭패감으로 괴로워하고 있다면, 당신의 생각을 하나님께 고백하고, 그것을 위해 기도하고, 하나님의 손에 맡기십시오. 그리고 나서 굳건히 서서 진실을 외치십시오.

"하나님은 내 아이를 사랑하신다. 나도 내 아이를 사랑한다. 다른 사람들도 내 아이를 사랑한다. 내 아이가 혹 사랑받지 못하고 있다고 생각한다면 그것은 그 아이가 원수의 거짓말을 믿고 있기 때문이다. 우리는 사단의 거짓말을 따라 살지 않을 것이다."

이것 때문에 한동안 힘든다 할지라도, 하나님의 진리를 주장함으로써 사단의 거짓말을 단호히 배격해야 합니다. 그런 다음 당신의 사랑이 그 아이에게 받아들여지고 느껴질 수 있을 뿐만 아니라 하나님의 사랑도 그 아이의 마음에 스며들기를 위해 기도하십시오.

기도와 더불어 아이에게 필요한 것은, 아이와 눈을 맞추거나 신체적인 접촉(등을 두드려 주고 껴안아 주거나, 입 맞추는 것)이나 사랑스런 행동이나 말을 통해 자기들에게 표현되는 사랑을 눈으로 보는 것입니다. 아이들의 눈을 똑바로 바라보고 손으로는 아이들을 만져 주며 얼굴에는 미소를 띠고서, "너는 참 괜찮은 애야" 하며 의도적인 노력을 하였을 때, 아이들의 표정과 태도에 금방 눈에 띄는 변화가 있었음을 보았습니다. 한번 해보시면 무슨 말인지 아실 것입니다. 전에 이런 것을 한 번도 해 본 적이 없다면 처음에는 다소 쑥스러울지 모릅니다. 또 아이가 이미 나이가 들었거나 성년이 되었어도 그럴 수 있습니다. 하지만 어쨌든 실천을 해보십시오. 그래도 머뭇거려진다면 그렇게 할 수 있게 해달라고 기도하시고 또 그것이 잘 받아들여지게 해달라고 기도하십시오.

아이에게 주어야 할 사랑이 당신에게 없다고 생각되면 사랑을 달라고 성령께 아뢰십시오. 성경은 이렇게 말씀합니다.
"소망이 부끄럽게 아니함은 우리에게 주신 성령으로 말미암아 하나님의 사랑이 우리 마음에 부은 바 됨이니"(롬 5:5).
당신의 인생을 향하신 하나님의 주된 목적 가운데 하나는 당신에게 하나님의 사랑을 물 붓듯 부으셔서 그 사랑이 다른 사람한테까지 흘러넘치도록 하는 것입니다. 아이를 위해서 드리는 기도는 당신 마음속에 사랑이 있다는 표시일 뿐만 아니라, 그 사랑을 배가시켜 사방으로 흘러넘치게 하는 촉진제이기도 합니다.

기도

주님, 우리 ○○(아이의 이름)가 사랑받고 있음을 느끼게 해 주시기를 간구합니다. 지금 그 아이의 마음속을 하나님의 사랑으로 채우사, 그 아이가 하나님의 사랑이 얼마나 멀리 뻗치며 또 완전한지를 알 수 있게 도와주시옵소서. 하나님께서 우리를 얼마나 사랑하시는지, 독생자를 보내사 우리를 위해 죽게 하기까지 하셨다고 말씀하셨습니다(요 3:16). 이 아이를 사단의 거짓말에서 구하사 사단이 그 애 마음에 의심의 씨앗을 심지 못하게 하옵소서. 예수께서는 이렇게 말씀하셨습니다.
"아버지께서 나를 사랑하신 것같이 나도 너희를 사랑하였으니 나의 사랑 안에 거하라"(요 15:9, 10).

주님, 우리 ○○(아이의 이름)가 주님의 사랑 안에 거하게 도와주시옵소서. 이 아이도 다윗이 말한 것처럼 말하게 하여 주옵소서.
"아침에 나로 주의 인자한 말씀을 듣게 하소서 내가 주를 의뢰함이니이다 나의 다닐 길을 알게 하소서 내가 내 영혼을 주께 받듦이니이다"(시 143:8).
주님의 사랑을 이 아이에게 정말로 나타내사 이 아이로 하여금 그것을 받아들이게 도와주시옵소서.

주님이 무조건적인 사랑으로 사랑하시듯이 저도 이 아이를 그렇게 사랑하게 도와주시옵소서. 그리고 이 아이가 수용할 수 있는 방법으로 사랑을 표현할 수 있게 도와주시옵소서. 주님의 사랑을 아이가 확실히 깨달아 알 수 있도록, 제가 어떻게 하면 주님의 사랑을 모범적으로 아이에게 보여줄 수 있을지 가르쳐 주시옵소서. 우리 가족 모두가 이 아이를 사랑하게 하옵시고 이 아이가 다른 사람들에게도 사랑을 받게 하옵소서. 매일 매일 사랑받고 있다는 자신감 속에 자라나게 하옵시고, 다른 사람에게도 어렵지 않게 사랑을 표현할 줄 아는 능력을 이 아이 속에 부어 주시옵소서. 이 아이가 다른 사람과도 사랑으로 사귀게 하옵소서. 이 아이가 하나님의 사랑의 깊이를 충분히 이해하고 마음속에 받아들이게 되었을 때, 이 아이를 통하여 다른 사람들에게 주님의 사랑이 흘러넘치는 사랑의 그릇이 되게 하옵소서. 예수님의 이름으로 기도합니다. 아멘.

싸움에서 이기는 나의 무기

"하나님의 사랑이 우리에게 이렇게 나타난 바 되었으니 하나님이 자기의 독생자를 세상에 보내심은 저로 말미암아 우리를 살리려 하심이니라 사랑은 여기 있으니 우리가 하나님을 사랑한 것이 아니요 오직 하나님이 우리를 사랑하사 우리 죄를 위하여 화목제로 그 아들을 보내셨음이니라"(요일 4:9~11).

"너는 네 하나님의 성민(聖民)이라 네 하나님 여호와께서 지상 만민 중에서 너를 자기 기업의 백성으로 택하셨나니"(신 7:6).

"하나님이 우리를 사랑하시는 사랑을 우리가 알고 믿었노니 하나님은 사랑이시라 사랑 안에 거하는 자는 하나님 안에 거하고 하나님도 그 안에 거하시느니라"(요일 4:16).

"주의 사랑하시는 형제들아 우리가 항상 너희를 위하여 마땅히 하나님께 감사할 것은 하나님이 처음부터 너희를 택하사 성령의 거룩하게 하심과 진리를 믿음으로 구원을 얻게 하심이니"(살후 2:13).

"찬송하리로다 하나님 곧 우리 주 예수 그리스도의 아버지께서 그리스도 안에서 하늘에 속한 모든 신령한 복으로 우리에게 복 주시되 곧 창세 전에 그리스도 안에서 그 앞에 거룩하고 흠이 없게 하시려고 그 기쁘신 뜻대로 우리를 예정하사 예수 그리스도로 말미암아 자기의 아들들이 되게 하셨으니 이는 그의 사랑하시는 자 안에서 우리에게 거저 주시는 바 그의 은혜의 영광을 찬미하게 하려는 것이라"(엡 1:3~6).

제 5 일

영원한 미래가 보장된 자녀

그 어떤 다른 것보다도 우리 부모들이 원하는 것은, 아이들이 하나님이 진정 어떤 분이신가를 알며, 예수를 자기의 구주(救主)로 아는 것입니다. 아이들이 이것을 알게 되면, 아이들의 영원한 미래가 확보된다는 것을 우리는 압니다. 아이들이 언제 세상을 떠나더라도 그 아이들을 천국에서 다시 만날 수 있다는 것을 압니다. 이 얼마나 놀라운 소망입니까!

자녀를 위한 중보기도 그룹에 참석하고 있는 사람들 중에 데비 분(Debby Boone, 미국의 유명한 팝 가수)과 그 사람의 남편 가브리가 있었습니다. 이 분들이 자기 아이들에게 마음의 노래로 불러 줄 만한 노랫말을 하나 써 달라고 우리 부부에게 부탁을 해왔습니다. 데비는 이 노래를 자기 레코드 앨범에 수록했습니다. 나는 「그 무엇보다도」라는 제목의 다음과 같은 노랫말을 지었고, 그 노랫말에 남편이 곡을 붙였습니다. 데비는 이 노래를 레코드로 제작하여 지금도 컨서트에서 부르고 있습니다. 이 가사가 모든 믿는 부모들의 마음을 잘 대변해 주고 있지 않나 생각합니다.

하고 싶은 말이 많구나
내 평생은 그 말을 하기 위한 것
시간은 얼마나 빨리 지나가는지
내가 어떻게 해볼 도리가 있다면
인생의 폭풍우가 휘몰아칠 때
내 너를 품에 안아 안전하게 지켜 줄 텐데
하지만 너와 항상 함께 있을 수는 없구나
나의 아이야
이 말을 나는 너에게 해 주고 싶구나
소망의 실바람은 사그라져갈지라도
이 말은 언제나 살아 있으리
너는 그 무엇보다도 이것을 잊지 말아라
네 곁을 결코 떠나지 않으실 하나님을
그 무엇보다도 그분을 바라라
하나님은 네가 의지할 사랑이시니라
그분이 널 돌보시리라
어두컴컴한 밤 네가 길을 잃고 헤매일 때도
하나님은 거기 계시네
그분은 너의 영원하신 아버지
하나님의 장중에서 너는 넘어지지 않을 거야
그분은 세상 만물을 붙드신단다

그 무엇보다도
하나님은 너로 웃음짓게 하시는 분
네 눈물을 닦으시리
하나님은 네가 두려워해야 할 분
그 무엇보다도
하나님은 천국을 네게 주시는 분
처음부터 너를 위해 값을 치러 주신 그분은
너의 마음을 달라고 하실 거야
그 무엇보다도

할 말이 많지만
그것을 다 말할 시간은 없구나
오직 하나님을 사랑하거라
그 무엇보다도.

우리 아이들은 둘 다 다섯 살(우리 나라 나이로는 일곱 살-역자 주)쯤 되었을 때 예수님을 자기 인생에 모셔들이기로 결심을 하였습니다. 우리 부부는 아이들에게 하나님이 어떤 분이신지 가르쳤고 성경 이야기를 읽어 주었으며 매일 아이들과 함께 기도를 하였습니다. 그리고 주일이면 아이들을 교회에 데리고 갔는데 거기서 아이들은 하나님의 말씀에 대하여 가르침을 받았습니다. 아이들은 예수님을 영접해야 한다는 말을 많이 듣고 있었지만 우리는 아이들에게 그것을 강요하거나 결정하라고 요구하지는 않았습니다. 그 대신 아이들이 배운 것들이 마음속에 파고 들어가서 하나님과 친밀한 관계를 갖고 싶다는 생각을 주시도록 기도하였습니다. 그 결심이 아이들 자신의 마음으로부터 나오기를 바랐고 또 아이들 스스로가 내린 결심이기를 바랬습니다. 영접할 순간이 오자 아이들은 우리와 대화를 나누기 시작하였고 예수님에 관해 이것 저것 질문을 던지기 시작하였습니다. 그리고는 예수님을 구주로 영접하는 기도를 함께 하자고 했습니다. 우리 아들과 딸의 영원한 미래가 기쁨으로 가득 찰 것이고 또 확실히 보장되어 있다는 것을 알게 되니 남편과 나는 마음이 평안해졌습니다.

당신의 자녀가 지금 몇 살이건 상관없이 그 아이들의 구원을 위해 지금부터 기도를 시작하는 것은 너무 빠르다고 할 수도 없고 그렇다고 너무 늦었다고 할 수도 없습니다. 예수께서는 "진실로 진실로 네게 이르노니 사람이 거듭나지 아니하면 하나님 나라를 볼 수 없느니라"(요 3:3)고 하셨습니다. 또한 "볼지어다 내가 문밖에 서서 두드리노니 누구든지 내 음성을 듣고 문을 열면 내가 그에게로 들어가 그로 더불어 먹고 그는 나로 더불어 먹으리라"(계 3:20)고 말씀하셨습니다. 우리 모두는 우리 아이들이 마음의 문을 열고 이 세상과 영원한 세계에서 하나님 나라를 경험하기를 소원합니다. 잊지 마십시오. 아이들의 영원한 미래를 위해 당신이 기도하지 않는다면 그 아이들은 당신이 원하는 그 나라를 소유하지 못할지도 모릅니다.

아이들이 주님을 영접했다면 우리는 그 아이들이 주님과 좋은 관계를 갖도록 계속 기도하지 않으면 안 됩니다. 아이들이 어렸을 때는 하나님과 잘 동행하다가도 십대에 들어서거나 어른이 되면 돌아선다는 이야기를 얼마나 많이 들었습니까? 우리 아이들에게 "모든 신령한 지혜와 총명에 하나님의 뜻을 아는 것으로 채우게 하시고 주께 합당히 행하여 범사에 기쁘시게 하고 모든 선한 일에 열매를 맺게 하시며 하나님을 아는 것에 자라게 하시기를"(골 1:9,10) 우리는 원합니다. 바울과 디모데는 골로새에 있는 하나님의 자녀들을 위해 이 기도를 했으니 우리도 우리 아이들을 위해 이 기도를 해야 합니다. 주님의 생명 속에는 우리 각자가 문을 열고 들어가 체험해야 할 비밀들이 무궁무진합니다. 주님께서 우리 아이들에게 성령을 물붓듯 부어주시기를 위해 기도하는 것은 우리가 언제까지고 계속해야 할 기도입니다.

기도

주님, 우리 ○○(아이의 이름)를 주님께 맡깁니다. 주님이 누구신지 이 아이가 깊이 알게 되기를 간절히 기도합니다. 이 아이의 마음을 여시고 주님에 관한 진리를 온전히 깨닫게 하시기를 원합니다. 주님, 주님께서는 "네가 만일 네 입으로 예수를 주(主)로 시인하며 또 하나님께서 그를 죽은 자 가운데서 살리신 것을 네 마음에 믿으면 구원을 얻으리라"(롬 10:9)고 하셨습니다. 이 아이에게 그런 믿음을 주시옵소서. 이 아이가 예수님을 자신의 구주라고 부르게 하옵시고, 성령으로 채우시며, 이 아이가 자기 인생 모든 영역에서 주님을 인정하게 하옵시고, 언제나 주님을 따르며 주님의 길로만 가게 인도하옵소서. 예수께서 이 아이를 위하여 자기 생명을 버리사 영원한 생명을 얻게 하셨으며, 이 세상에서도 풍성한 삶을 살게 하신다는 것을 온전히 믿도록 도와주시옵소서. 이 아이를 붙드사 주님의 완전한 용서를 이해하고 죄책감과 정죄 속에서 살아가지 않도록 하옵소서.

이 아이가 열매맺는 삶을 살게 하옵시고 주님을 아는 지식이 늘 자라나게 하옵소서. 주님의 뜻을 알게 하옵시고, 영적인 분별력이 있게 하옵시고, 하나님 보시기에 기뻐하실 길로만 다니게 하옵소서. 주님께서는 주님의 자손에게 성령을 부어주시겠다고 말씀하셨습니다(사 44:3 참조). 주님께서 성령을 오늘 우리 ○○(아이의 이름)에게 부어주시기를 간절히 기도합니다.

주님께서 이 아이의 장래에 대해 저보다도 더 많이 생각해 주시고, 또 주님 안에서 그 장래가 안전함을 감사드립니다. 이 아이의 평생 동안 주님이 이 아이를 위해 예비하신 그 길에서 떠나거나 의심하지 않게 되기를 예수님의 이름으로 기도합니다. 아멘.

싸움에서 이기는 나의 무기

"내 아버지의 뜻은 아들을 보고 믿는 자마다 영생을 얻는 이것이니 마지막 날에 내가 이를 다시 살리리라 하시니라"(요 6:40).

"이것이 우리 구주 앞에서 선하고 받으실 만한 것이니 하나님은 모든 사람이 구원을 받으며 진리를 아는 데 이르기를 원하시느니라"(딤전 2:3,4).

"또 아는 것은 하나님의 아들이 이르러 우리에게 지각을 주사 우리로 참된 자를 알게 하신 것과 또한 우리가 참된 자 곧 그의 아들 예수 그리스도 안에 있는 것이니 그는 참 하나님이시요 영생이시라"(요일 5:20).

"또 증거는 하나님이 우리에게 영생을 주신 것과 이 생명이 그의 아들 안에 있는 그것이니라"(요일 5:11).

"내가 아버지께 구하겠으니 그가 또다른 보혜사를 너희에게 주사 영원토록 너희와 함께 있게 하시리니 저는 진리의 영이라 세상은 능히 저를 받지 못하나니 이는 저를 보지도 못하고 알지도 못함이라 그러나 너희는 저를 아나니 저는 너희와 함께 거하심이요 또 너희 속에 계시겠음이라"(요 14:16,17).

제 6 일

부모를 공경하며 반항하지 않는 자녀

누구에게 우리를 공경하라고 요구하는 것이 좀 멋쩍게 보이지 않습니까? 그것이 만일 마음에서 우러나온 공경이라면 굳이 우리가 공경하라고 하지 않더라도 공경해야 되는 것 아닙니까? 글쎄요. 다른 사람이라면 몰라도 아이들은 그렇지가 않습니다. 아이들은 가르쳐야 압니다.

성경은 "자녀들아 너희 부모를 주 안에서 순종하라 이것이 옳으니라 네 아버지와 어머니를 공경하라 이것이 약속 있는 첫 계명이니 이는 네가 잘 되고 땅에서 장수하리라"(엡 6:1~3)고 말씀합니다. 만일 우리 아이들이 주님의 이 명령에 불순종하면 하나님께서 그 아이들을 위해 준비하신 모든 것을 잃을 뿐만 아니라 그 아이들의 생명도 단축되게 될 것입니다. 또한 성경은 "자기의 아비나 어미를 저주하

는 자는 그 등불이 유암 중에 꺼짐을 당하리라"(잠 20:20)
고 말씀합니다. 우리가 아이들의 생명의 길이와 그 질에
영향을 끼칠 수 있다는 사실이야말로 아이를 가르치고 훈
육하고 기도해야 할 충분한 이유가 됩니다. 그것뿐만 아니
라, 아이들 마음속으로 살금살금 기어들어와 하나님의 계
명이 아닌 다른 것을 행하게 하려는 반항심이 있음을 알아
차리고 경계해야 합니다.

반항이란, 사실은 교만이 활동하는 것입니다. 반항적인
생각은 "하나님이나 다른 사람이 무엇이라고 말하건 나는
내가 하고 싶은 대로 할 거야"라고 말합니다. 반항의 궁극
적인 목적은 하나님과 적대하는 것이기 때문에, "거역하는
것은 사술의 죄와 같다"(삼상 15:23)고 성경은 말씀합니
다. 같은 구절에 또 "완고한 것은 사신(死神) 우상에게 절
하는 죄와 같음이라"고 말씀합니다. 교만한 마음은 우리를
반항하게 만들며 완고한 마음은 우리를 "계속" 반항하게
만듭니다. 거역하면서 살아가는 사람은 그 누구라도 그 삶
속에 완고한 우상을 가지고 사는 것입니다. 아이들이 아버
지나 어머니를 공경하지 않을 때 그것은 흔히 아이의 마음
속에 있는 우상이 (아이가 몇 살이건 상관없이) 바로 교만
이며 이기심임을 나타내는 첫 신호입니다. 그렇기 때문에
부모에게 순종하기를 배우지 못한 아이들은 반항하기 마련
입니다. 그 아이들은 이렇게 말합니다.
"나는 내 하고 싶은 것을 내 하고 싶은 때에 하고 싶다."

"화 있을진저 패역한 자식들이여 그들이 계교를 베푸나
나로 말미암아 하지 아니하며 맹약을 맺으나 나의 신으로
말미암아 하지 아니하였음이로다 나의 입에 묻지 아니하였

으니 죄에 죄를 더하도다"(사 30:1)라고 하나님은 말씀하십니다. 기도를 통하여 교만과 이기심이라는 우상을 파괴시키는 것이 아이의 반항심을 없애는 열쇠가 됩니다.

반항의 반대는 순종입니다. 또는 하나님의 뜻대로 행하는 것이라고 말할 수도 있겠습니다. 순종을 하면 매우 안전하며, 어떤 사람이 되어야 마땅한지, 어떤 것을 해야 마땅한지 분명히 알 수가 있습니다. 우리가 순종하면 축복을 받을 것이요 순종하지 아니하면 흑암 속에 살게 되며 결국은 멸망당할 것이라고 성경은 약속하고 있습니다. 우리 아이들이 멸망받게 되기를 바라는 부모는 하나도 없습니다. 우리 아이들이 순종하여서 자신감과 안전, 장수 그리고 평화를 누리기를 우리 부모는 바랍니다. 순종의 첫걸음은 자기의 부모에게 순종하고 그들을 공경하는 것입니다. 아이는 이것을 배워야 하는데, 기도가 그 길을 깔아 줄 때 가르치기가 더욱 쉽습니다.

열네 살이 되자, 아들녀석은 침실 벽을 자기가 열렬히 좋아하는 가수들의 사진들로 도배를 해 놓았습니다. 문제는 그 중에 어떤 사진은 옷차림새와 노래 자체가 그 애 아버지와 나를 몹시 언짢게 했으며 또한 하나님께도 영광이 되지 않는 것들이라는 것이었습니다. 좋지 않은 사진들을 몇 가지 떼내라고 이르고 그 이유를 크리스토퍼에게 설명하자 잠시 주저하다가 별로 내키지 않는 태도로 우리가 요구한 대로 하였습니다. 그러나 얼마 후, 그 아이는 먼저 것이나 별로 다를 바 없는 다른 사진을 또 붙여 놓았습니다. 우리는 다시 그 아이와 대화를 나누었고 적절한 교육도 시켰습니다. 그리고 이번엔 그 아이를 위해 우리가 사진을 전부 떼어 버렸습니다.

 크리스토퍼는 기분 나빠했습니다. '지금 아들아이가 반항심의 초기 증세를 보이고 있구나' 하고 우리는 생각했습니다. 그래서 성경이 말씀하시는 대로 해보기로 결정내렸습니다.
"마귀의 궤계를 능히 대적하기 위하여 하나님의 전신갑주를 입으라"(엡 6:11).
우리는 하나님의 전신갑주를 입었습니다. 우리는 기도했고, 하나님의 말씀을 인용하였으며, 하나님께서는 우리를 승리자로 만드실 수 있는 능력이 있음을 믿는다고 고백도 하였습니다. 우리는 성령 안에서 싸웠으며, 하나님의 평안이 이 상황을 주장하고 있음을 증거하였습니다. 아들의 태도는 변하였고 그 다음부터는 부모로서 우리가 정해 놓은 요구 조건에 맞는 사진들만을 걸어 놓았습니다. 이것은 하나님의 능력의 역사였고 그 능력의 역사는 기도하는 부모로 말미암은 것이었습니다.

 지금 생각해보면 사진 사건은 작은 문제같이 보이지만 그 때 당시 우리는 부모와 하나님 위에 군림하려고 하는 아이의 고집과 싸우고 있었던 것입니다. 그리고 반항심이 튀어나오는 것을 막음으로써, 더 큰 문제가 되기 전에 그것을 처리할 수가 있었습니다. 우리는 그 싸움에서 이미 이기기로 정해져 있었습니다. 왜냐하면 우리는 하나님과 하나님의 말씀이 우리 편에 서 계시다는 것을 확신했으나 아들녀석은 그렇지 못했기 때문입니다.

 자녀가 나이가 들었거나 사춘기, 또는 심지어 성년이 되었을 때 자녀의 행동에 이미 반항의 분명한 표시가 나타나고 있으면, 가르치고 버릇을 고쳐 놓는 것이 더욱 힘들어집니다. 그렇다 하더라도 당신에게는 기도의 능력이 있습니다. 잊지 말아야 할 것은 당신의 싸움이 아들이나 딸과의 싸움이 아니라는 것입니다.

"우리의 씨름은 혈(血)과 육(肉)에 대한 것이 아니요 정사와 권세와 이 어두움의 세상 주관자들과 하늘에 있는 악의 영들에게 대함이라"(엡 6:12).

당신의 싸움은 원수 마귀와의 싸움입니다. 반가운 소식은, 예수께서 당신에게 "원수의 모든 능력을 제어할 권세를 주셨다"(눅 10:19)는 사실입니다. 두려워하지 말고 그 권세를 잘 사용해 보십시오.

어느 땐가는 당신의 자녀도 반항의 고개를 들 날이 있을 것입니다. 기도와 하나님의 말씀으로 그 도전장을 받을 준비를 하십시오. 가르치고, 고쳐주며, 버릇을 들여야 함은 물론입니다. 반항심에 겁먹지 마십시오. 예수께서는 그것을 다스리실 수 있는 능력의 주님이십니다.

기도

주님, 우리 ○○(아이의 이름)에게 하나님께 순종하려는 마음을 주시기를 기도합니다. 주님과 더불어 시간을 보내고 싶은 마음을 이 아이에게 주옵시고, 주님의 말씀과 기도에 힘쓰며, 주님의 음성을 듣게 하옵소서. 이 아이의 마음에 뿌리를 내리고 있는 눈에 보이지 아니하는 은밀한 반항심 위에 주님의 빛을 비추사 그 정체를 알게 하시고 파괴시켜 주시옵소서. 주님, 이 아이가 교만과 이기심, 반항심에 빠지지 않도록 하옵시고 거기에서 구원받게 하옵소서. 예수님의 이름으로 저에게 주신 그 권세에 의지하여 사단의 궤계를 대적하오며, 우상 숭배와 거역과 고집과 불경을 배척합니다. 이런 것들이 내 아들(딸)의 인생에 관여하지 못하게 하옵시며, 저의 아이가 이런 것들 때문에 멸망과 사망의 길을 걷지 않게 하옵소서.

주님의 말씀은 이렇게 가르칩니다.
"자녀들아 모든 일에 부모에게 순종하라 이는 주 안에서 기쁘게 하는 것이니라"(골 3:20).
이 아이의 마음을 자기 부모에게로 향하게 하사 어머니와 아버지를 공경하고 순종할 줄 알게 하옵소서. 그래서 이 아이의 생명이 길고 또한 복되게 하옵소서. 이 아이의 마음을 주님에게로 향하게 하사 주님 보시기에 기뻐하실 만한 것을 행하게 하옵소서. 자기 속에 있는 교만과 반항심을 알아차리게 하옵시고, 그것을 고백하고 회개하게 하옵소서. 죄와 짝하지 않게 하옵소서. 주님께 순종하며 섬기며 사랑과 겸손한 마음으로 행하는 것이 얼마나 아름답고 좋은 것인지 깨닫게 하옵소서. 예수님의 이름으로 기도합니다. 아멘.

싸움에서 이기는 나의 무기

"너희가 즐겨 순종하면 땅의 아름다운 소산을 먹을 것이요 너희가 거절하여 배반하면 칼에 삼키우리라 여호와의 입의 말씀이니라"(사 1:19,20).

"사람이 흑암과 사망의 그늘에 앉으며 곤고와 쇠사슬에 매임은 하나님의 말씀을 거역하며 지존자의 뜻을 멸시함이라 그러므로 수고로 저희 마음을 낮추셨으니 저희가 엎드러져도 돕는 자가 없었도다"(시 107:10~12).

"아비를 조롱하며 어미 순종하기를 싫어하는 자의 눈은 골짜기의 까마귀에게 쪼이고 독수리 새끼에게 먹히리라"(잠 30:17).

"내 아들아 네 아비의 훈계를 들으며 네 어미의 법을 떠나지 말라 이는 네 머리의 아름다운 관이요 네 목의 금 사슬이니라"(잠 1:8,9).

"저희가 오히려 순종치 아니하고 주를 거역하며 … 그러므로 주께서 그 대적의 손에 붙이사 곤고를 당하게 하시매"(느 9:26,27).

제 7 일

가족 관계를 중시하는 자녀

오래전, 언니와 나는 둘 사이에 커다란 틈이 벌어져서 결국은 두 해 동안 피차 말을 안하고 지낸 적이 있었습니다. 이것은 순전히 오해 때문이었습니다. 언니와 내가 가지고 있던 해묵은 상처들 때문에 우리는 서로의 인격과 생활 속에 일어나고 있는 현상들을 제대로 볼 줄 아는 능력조차 상실한 상태였습니다. 같은 집, 같은 가족 속에서 살고 있었지만 실상 우리 둘은 전혀 다른 두 개의 세계에서 따로따로 살고 있는 거나 마찬가지였습니다. 나는 이 일에 기분이 몹시 언짢았습니다. 그래서 언니와 내가 마침내 화해하고 관계가 회복될 때까지 이 일을 놓고 기도하는 일을 멈추지 않았습니다. 그렇지만 내가 믿기는, 만일 우리 부모님들이 기도하는 분들이었다면, 우선 이런 일 자체가 생기지도 않았을 것이라고 생각합니다.

우리 영혼의 원수(마귀)가 하기 좋아하는 일 중의 하나는 하나님이 정해주신 사람들의 관계 사이에 끼어들어서 오해를 불러 일으키며 관계를 차단하는 것입니다. 한 가족이 따로따로 쪼개질수록 그 가족은 약해지고 무력해지며, 대신 원수가 그 가정을 주무르기가 훨씬 쉬워지는 것입니다. 이것을 피하는 길은 기도입니다. 당신이 가족 관계를 놓고 기도할 때, 그것이 자녀와의 관계이건, 부모와의 관계이건, 혹은 양부모, 형제 자매, 조부모, 숙모, 삼촌, 사촌, 남편, 아내와의 관계이건, 관계가 얼룩지거나 갈라지는 일은 훨씬 줄어 들게 될 것입니다.

딸아이가 태어났을 때 그 애 오빠는 네 살 반이었습니다. 크리스토퍼와 아만다가 서로 친하게 지내게 되기를 나는 처음부터 기도하였습니다. 그리고 두 아이가 사이좋게 지내는 것을 보기 위해서 내가 할 수 있는 것은 다 하였습니다. 처음 몇 년간은 두 아이의 사이가 하도 좋아서 다른 사람들도 칭찬해 줄 정도였습니다. 그런데 크리스토퍼가 사춘기에 들어서고부터 사정은 바뀌었습니다. 크리스토퍼는 갈 곳도 많아졌고 만나야 할 사람도 많아져서 더 이상 자기 여동생과 놀아줄 시간이 없었습니다. 자기 친구들하고는 재미있게 잘도 통하던 농담들도 자기 여동생하고는 통하지가 않았습니다. 따돌림 당하는 것 같아 기분이 상한 아만다는 앙갚음을 하곤 하였습니다. 나는 어쩔 수 없이 심판 노릇을 하지 않으면 안 되었는데 그 모습을 보는 내 가슴은 몹시 쓰렸습니다.

그런데 어느 날 나는 중요한 사실을 한 가지 깨달았습니다. 아만다와 크리스토퍼 사이에 모든 것들이 잘 돌아가고 있었기 때문에 내가 둘 사이의 관계를 위해서 기도하던 것을 그만 중단했다는 사실입니다. 그래서 다시 두 아이의 사이가 좋아지게 해달라고 기도하기 시작하였는데 그러면서도 '기도를 중단하지 말았어야 했는데' 하는 후회가 가득했습니다. 시간이 좀 걸리기는 하였지만 다행스럽게도 서로에 대한 태도가 조금씩 조금씩 부드러워지는 것을 볼 수가 있었습니다. 만일 내가 아무것도 하지 않았더라면 둘 사이에 영원한 금이 생겨서 과거에 우리 가족간에 생겼던 그런 전철을 또다시 밟고 있었을지도 모른다는 생각을 해봅니다. 우리 아이들의 관계는 아직 내가 바라는 만큼은 아니지만 꾸준히 개선되고 있습니다. 그리고 내가 살아있는 한 내 기도에는 이 문제가 계속 언급될 것입니다.

가족 관계가 원만하기를 위해서 기도하는 사람이 그 가족 중에 하나도 없기 때문에, 가족 관계가 아무렇게나 방치된 가정들이 많습니다. 가족들이 서로 찢겨지고, 어른이 되어서 분가한 후에는 서로 왕래 없이 살아가는 사람들을 보는 것은 참 가슴아픈 일입니다. 그런 일이 우리 아이들 사이에서 일어난다고 생각만 해도 가슴이 찢어지는 것 같습니다.

이사야서 58장 12절에서, 우리가 금식하고 기도할 때 일어날 여러 가지 놀라운 일들에 대해 하나님은 이렇게 말씀하십니다.
"네게서 날 자들이 오래 황폐된 곳들을 다시 세울 것이며 너는 역대의 파괴된 기초를 쌓으리니 너를 일컬어 무너진 데를 수보하는 자라 할 것이며 길을 수축하여 거할 곳이 되게 하는 자라 하리라."

가족간의 단결을 회복하고, 주님 안에서 유대 관계를 유지하며, 여러 세대를 거쳐 영원히 지속될 수 있는 단합이라는 경건한 유산을 남기는 것은 하나님이 원하시는 일입니다.

성경은 또한 로마서 12장 16절에서 이렇게 말씀합니다. "서로 마음을 같이 하며 높은 데 마음을 두지 말고 도리어 낮은 데 처하며 스스로 지혜 있는 체 말라."
우리는 겸손해지기를 위해서 또 서로 힘을 합치기 위해서 기도해야 할 필요가 있습니다.

"화평케 하는 자는 복이 있나니 저희가 하나님의 아들이라 일컬음을 받을 것임이요"라고 예수께서 말씀하셨습니다 (마 5:9). 나는 이렇게 말하고 싶습니다. 우리 다같이 화목케 하는 사람이 됩시다. 세상에 화평케 하는 사람이 별로 많지 않은 것은 분명합니다. "이러므로 우리가 화평의 일과 서로 덕을 세우는 일을 힘쓰나니"라고 로마서 14장 19절은 말씀하고 있습니다. 우리에게 제일 가까운 사람들, 즉 우리 아이들을 위해서 기도하는 일부터 시작해서 점점 밖으로 뻗어 나가도록 해봅시다.

기도

주님, 우리 ○○(아이의 이름)를 위해서 기도합니다. 이 아이가 다른 가족들과 좋은 관계를 갖게 도와주시옵소서. 문제를 해결하지 않은 채 언짢은 관계로 지내거나 영원한 결별을 선언하는 일이 없게 하소서. 이 아이의 마음을 주님의 사랑으로 충만하게 하옵시고 남을 동정하는 마음과 용서하는 마음을 주셔서 그것들이 다른 식구들에게도 흘러 넘치게 하옵소서. 특히, ○○(아이의 이름)와 □□(다른 가족의 이름)가 친밀하고 행복하며, 사랑하고, 서로 채워 주는 관계가 되기를 기도합니다. 이 두 사람이 언제나 서로의 뜻을 잘 전달할 수 있도록 도와주시고, 용서하지 못하는 마음이 뿌리 내리지 못하도록 하옵소서. 서로 사랑하며, 서로 귀중히 여기며, 서로 감사하며, 또 서로 존중하여 하나님이 정해주신 이 관계가 깨어지지 않도록 인도하옵소서. 말씀에 따라 구하옵나니, 이들이 "형제를 사랑하여 서로 우애하고 존경하기를 서로 먼저 하게"(롬 12:10) 하옵소서.

오해하고 있는 것이 있으면 하나님의 말씀에 따라서 이 오해를 해결하도록 이 아이를 가르쳐 주옵소서. 만일 어떤 틈이 이미 생기기 시작했거나, 어떤 관계가 나빠지기 시작했으면, 주님께서 그 쐐기를 뽑아내 주시고 치료하여 주옵소서. 얼룩이나 간격, 오해와 싸움, 다툼이나 갈라서는 일이 없기를 기도합니다. 이 아이에게 용서와 화해할 줄 아는 마음을 주옵소서.

주님의 말씀은 "너희가 다 마음을 같이 하여 체휼하며 형제를 사랑하며 불쌍히 여기며 겸손하라"(벧전 3:8)고 우리에게 가르칩니다. 따라서 이 아이가 "평안의 매는 줄로 성령의 하나 되게 하신 것을 힘써 지키게"(엡 4:3) 하옵소서. 끊어지지 않는 튼튼한 동아줄처럼, 다른 가족을 사랑하고 불쌍히 여기는 마음을 이 아이에게 불어넣어 주시옵기를 예수님의 이름으로 기도합니다. 아멘.

싸움에서 이기는 나의 무기

"화평케 하는 자는 복이 있나니 저희가 하나님의 아들이라 일컬음을 받을 것임이요"(마 5:9).

"형제가 연합하여 동거함이 어찌 그리 선하고 아름다운고"(시 133:1).

"이제 인내와 안위의 하나님이 너희로 그리스도 예수를 본받아 서로 뜻이 같게 하여 주사 한마음과 한 입으로 하나님 곧 우리 주 예수 그리스도의 아버지께 영광을 돌리게 하려 하노라"(롬 15:5,6).

"할 수 있거든 너희로서는 모든 사람으로 더불어 평화하라"(롬 12:18).

"형제들아 내가 우리 주 예수 그리스도의 이름으로 너희를 권하노니 다 같은 말을 하고 너희 가운데 분쟁이 없이 같은 마음과 같은 뜻으로 온전히 합하라"(고전 1:10).

제 8 일

본이 될 만한 사람과 경건한 친구가 있는 자녀

나는 언제나 아이들의 친구들을 위해서 기도해 왔는데, 그래서 우리집 아이들 곁에는 늘 좋은 친구들이 함께 있어 주었습니다. 물론 이따금 아이들은 내가 부모로서 유보 조항을 붙인 그런 친구들을 사귀기도 하였습니다. 그것은 내가 그 친구들을 싫어해서가 아니었습니다. 사실 어떤 애건 나는 그 애들을 좋아했습니다. 내가 싫었던 것은 그 아이들이 우리집 아이에게 끼칠 영향이었으며, 또 그 아이와 우리집 아이가 함께 빚어낼 좋지 못한 결과들 때문이었습니다. 이런 상황을 대하는 나의 방법은 언제나 기도였습니다. 그 아이가 변화되거나, 아니면 그 아이가 우리 아이의 삶에서 떨어져 나가기를 기도하였습니다. 그 어떤 경우이건 기도는 응답되었습니다. 몇몇의 경우에는 내 염려가 정확했다는 것을 시간이 증명해 주었습니다. 내가 걱정했던 아이들이 문제투성이의 삶을 살아가고 있음이 드러나는 경우가 바로 그런 경우였습니다.

　부모들은 자기 아이들의 친구에 대해서 속이 뒤틀리는 심정을 흔히 경험하게 됩니다. 그런 일이 있을 때는 성령께 감동된 분별력을 달라고 기도하십시오.

　캘리포니아에서 살던 우리가 테네시 주로 이사했을 때가 아이들의 친구 문제로 제일 열심히 기도했던 때입니다. 그 때 아들아이는 고등학교 졸업반에 막 올라갔을 때였고 딸아이는 중학교에 갓 입학했을 때였는데 이 때가 아이들로서는 학교를 바꾸기가 제일 나쁠 때입니다. 원래 나는 그 당시 아이들을 전학시키고 싶은 생각이 없었지만, 주님이 이 이사를 인도하고 계시다는 것을 남편과 나는 확실하게 느꼈습니다. 이 때가 아이들에게 얼마나 어려운 시기인가를 나는 알고 있었기 때문에, 이사하기 몇 달 전 또 이사하고 나서 몇 달 동안 "주님, 우리집 아이들이 경건한 친구들을 사귈 수 있게 도와주세요. 주님께서 우리를 이곳으로 오게 하셨으니 또한 주님께서 우리 아이들을 버리지 않으실 줄 압니다. 친구들과 사귀고 싶은 나머지 주님의 표준에 맞지 않는 친구들을 사귀게 될까 걱정이 됩니다. 경건한 사람들을 이 아이들의 삶으로 인도하옵소서"라고 기도하였습니다.

　이사해서 처음 여섯 달 동안이 크리스토퍼와 아만다에게는 참으로 외로운 시기였습니다. 그래서 나는 밤에 자다가도 일어나 그 아이들을 위해 기도하였습니다. 내가 할 수 있는 일은 아무것도 없었습니다. 아이들이 어렸을 때처럼 내가 나서서 그 아이들을 좋은 친구들과 맺어 줄 수도 없는 일이었습니다. 설사 그렇게 할 수 있었다 하더라도, 하나님께서 내 기도에 응답하시는 것만큼 그렇게 분별력있게 잘 할 수는 없었을 것입니다. 결국 사람들이 그 아이들의 삶 속으로 들어왔고, 그 중 몇몇 친구들은 지금껏 사귀었던 그 어떤 친구들보다 더 좋은 친구들이 되었습니다. 이것은 결코 우연의 일치이거나 동화 속의 "해피 엔딩"이 아닙니다. 이것은 중보기도의 결과입니다. 이것은 하나님께 "하나님, 우리 아이들이 경건한 친구들과 좋은 본이 되는 사람들을 만나게 해 주세요"라고 부르짖은 결과입니다.

하나님의 말씀은 우리에게 분명히 이렇게 가르치고 있습니다.
"너희는 믿지 않는 자와 멍에를 같이 하지 말라 의와 불법이 어찌 함께하며 빛과 어두움이 어찌 사귀며 그리스도와 벨리알이 어찌 조화되며 믿는 자와 믿지 않는 자가 어찌 상관하랴"(고후 6:14, 15).
그렇다고 해서 우리 아이들이 믿지 않는 친구는 도무지 사귀지도 말아야 한다는 뜻은 아닙니다. 아이들과 관계가 돈독한 가장 친한 친구는 믿는 친구이어야 한다는 뜻입니다. 아모스서 3장 3절에 "두 사람이 의합지 못하고야 어찌 동행하겠느냐"고 했습니다. 물론, 동행할 수 없지요. 이것은, 두 사람이 마음이 맞지 않는다면 누군가 한 사람이 생각을 바꿔야 한다는 뜻입니다. 그래서 "의인은 그 이웃의 인도자가 되나 악인의 소행은 자기를 미혹하게 하느니라" (잠언 12:26)고 말씀한 것입니다.

만일 당신의 자녀에게 믿는 친한 친구가 없다면 지금 당장 그 문제를 놓고 기도를 시작하십시오. 믿지 않는 친구가 주님을 영접하기를 위해서 기도하고, 또 신실한 믿음의 친구와 사귈 수 있도록 기도하십시오. 주위 사람들의 좋지 않은 영향이 자기 아이들의 인생에 파고 들어오는데도 어떻게 손을 써야 할지 몰라 막막해 하는 부모들을 흔히 봅니다. 그러나 우리는 어쩔 수 없는 사람들이 아닙니다. 우리의 등 뒤에서 하나님의 능력과 그 말씀의 진리가 우리를 붙들고 계십니다. 당신의 아이를 곁길로 빠지게 하는 사람을 동정하지 마십시오. 이 문제에 대해 소극적으로 대처하기에는, 성경이 우리가 사귀는 친구의 중요성에 대해 너무나 많이 기록하고 있습니다.

우리 아이들의 삶에 가장 큰 영향력을 끼치는 사람은 그 아이의 친구들과, 자기 역할을 잘 감당하고 있는 주변 사람들입니다.

기도

주님, 우리 ○○(아이의 이름)를 위해서 기도합니다. 이 아이의 인생에 경건한 친구들과 좋은 본이 되는 사람들을 만나게 해 주시옵소서. 경건한 친구들을 선택할 줄 아는 지혜를 주옵시고, 다른 사람과 친해지기 위해서 하나님과 동행하는 삶을 타협하는 일이 없도록 도와주시옵소서. 성령께서 주시는 분별력을 저에게 부으사 아이에게 친구 선택의 지혜를 잘 가르치게 하옵소서. 경건한 영향을 끼치지 못하는 사람은 누구라도 이 아이의 삶에서 떨어져 나가게 하거나, 아니면 주님을 닮은 사람으로 변화시켜 주시옵소서.

"지혜로운 자와 동행하면 지혜를 얻고 미련한 자와 사귀면 해를 받느니라"고 잠언 13장 20절에서 주님은 말씀하셨습니다. 제 아이가 미련한 사람의 동무가 되지 않게 하여 주시옵소서. 지혜로운 친구와 동행하게 하시사 어리석은 사람들과 동행함으로써 일어날 수 있는 패망을 겪지 않게 하옵소서. 경건치 못한 사람에게서 구해주셔서 그 사람의 행위를 본받지 않게 하옵시고, 자기 자신의 영혼에 올무를 놓는 일이 없게 하여 주시옵소서.

친구를 잃어서 슬퍼할 때 이 아이를 위로해 주옵시고, 새 친구를 보내주사 서로 기쁨과 슬픔을 함께 나누며 주께서 주신 각자의 개성을 서로 아껴줄 수 있게 하옵소서. 하나님을 영화롭게 하지 못하는 소외감이나 자기 비하를 물리쳐 주시옵소서.

주님께서 진정한 우정의 의미를 이 아이에게 가르쳐 주옵소서. 어떻게 하면 좋은 친구가 될 수 있는지, 친밀하고 지속적이며 튼튼한 관계를 형성할 수 있는지 가르쳐 주시옵소서. 아이의 친구 관계 하나하나가 주님을 영화롭게 하는 것이 되게 하옵소서. 예수님의 이름으로 기도합니다. 아멘.

싸움에서 이기는 나의 무기

"사특한 자의 첩경에 들어가지 말며 악인의 길로 다니지 말지어다"(잠 4:14).

"이제 내가 너희에게 쓴 것은 만일 어떤 형제라 일컫는 자가 음행하거나 탐람하거나 우상 숭배를 하거나 후욕하거나 술 취하거나 토색하거든 사귀지도 말고 그런 자와는 함께 먹지도 말라 함이라"(고전 5:11).

"내 아들아 여호와와 왕을 경외하고 반역자로 더불어 사귀지 말라 대저 그들의 재앙은 속히 임하리니 이 두 자의 멸망을 누가 알랴"(잠 24:21,22).

"노를 품는 자와 사귀지 말며 울분한 자와 동행하지 말지니 그 행위를 본받아서 네 영혼을 올무에 빠칠까 두려움이니라"(잠 22:24,25).

"복 있는 사람은 악인의 꾀를 좇지 아니하며 죄인의 길에 서지 아니하며 오만한 자의 자리에 앉지 아니하고"(시 1:1).

제 9 일

하나님의 것을 사모하는 자녀

청소년들이 훔치고, 죽이고, 남의 재산을 파괴하며, 혼음을 한다는 신문 기사를 보면, 이런 사람들에게는 하나님을 두려워함도 없고, 하나님의 법도에 대해 아는 바도 없으며, 하나님의 것에 대한 간절한 사모함도 없음을 보게 됩니다. 이 청소년들 중에는 심지어 기독교 가정에서 태어나 예수를 영접하였으나, 하나님을 두려워하고 하나님의 임재를 갈망해야 한다는 가르침을 받지 않았기 때문에 이렇듯 육(肉)의 지배를 받고 있는 경우도 있을는지 모릅니다.

하나님을 두려워한다는 것은 하나님의 권위와 권세를 속 깊이 존중하며, 사랑하며, 경외하는 것을 의미합니다. 하나님이 없는 내 삶은 과연 어떨까 두려워하는 것이며, 그런 절망감을 경험할 필요가 없게 해 주시는 하나님의 사랑에 감사하는 것입니다. 그것은 또한 하나님께 속한 모든 것을 갈망하는 것이며 하나님이 우리를 위해 준비해 놓으신 모든 것을 사모하는 것입니다.

하나님의 것으로부터 우리 아이들의 시선을 돌려 놓으려고 하는 것들이 이 세상에는 너무나 많습니다. 그리고 사단은 자기 계획과 일정표를 가지고 아이들을 찾아 다니며 거기에 아이들을 끼워 넣으려고 온갖 애를 다 씁니다. 그러나 우리는 하나님의 도리대로 아이들을 가르치고 훈육하며 훈련시키는 등, 우리의 몫을 다해야 합니다.

아이들에게 성경 이야기를 들려줄 때,
아이들에게 기도하는 법을 가르치고, 하나님은 항상 살아계시며, 하시겠다고 말씀하신 것은 반드시 행하신다는 믿음을 갖도록 가르칠 때,
경건한 친구들을 사귀도록 도와줄 때,
하나님과 동행하는 삶은 재미없거나 구속받는 삶이 아니라 기쁨과 성취를 가져다 주는 삶인 것을 아이들에게 보여 줄 때,
모든 문제에 대해 아이들과 함께 기도하며 아이들을 위해서 기도할 때,
그 때, 우리 아이들은 하나님의 것들을 사모하게 될 것입니다.
그 때, 아이들은 하나님의 일들이 최고 우선순위임을 알게 될 것입니다.
그 때, 아이들은 육(肉)의 지배가 아닌 하나님의 다스림을 받게 될 것입니다.

그 때, 아이들은 하나님의 법도와, 하나님의 말씀과, 하나님의 임재를 간절히 사모하게 될 것입니다.

그 때, 아이들은 하나님을 두려워할 줄 알며, 장수하며, 복된 삶을 살게 될 것입니다.

왜냐하면 잠언 10장 27절에 "여호와를 경외하면 장수하느니라 그러나 악인의 연세는 짧아지느니라" 했기 때문입니다.

캘리포니아에서 테네시로 이사 가기로 하면서 남편과 내가 제일 먼저 기도한 제목은 훌륭한 청소년부가 있는 교회를 찾게 해 달라는 것이었습니다. 그 기도는 응답되었습니다. 그 덕분에 우리 아이들은 새로운 환경에 잘 적응할 수 있었습니다. 경건한 친구들을 사귀고, 주님과의 관계가 계속 성장한 것도 다름아닌 이 교회 청소년부에서 되어진 일이었습니다. 하나님의 말씀을 열심히 가르치고, 하나님의 사랑을 보여 주며, 또래 애들과 하나님의 기쁨을 함께 나누는 교회를 찾아내면, 자녀들이 하나님의 것을 사모하게 하는 데 큰 도움이 될 것입니다.

지금 당장 기도를 시작해서, 아이에게 하나님을 두려워하며, 하나님과 하나님의 말씀을 믿으며, 하나님을 추구하는 그런 마음을 주시도록 간구하십시오. 이 기도는 당신의 아이가 계속 육적(肉的)인 삶을 살아가며 고투를 할 것인지, 아니면 성령 안에서 충만하고 복된 삶을 살아가게 될 것인지를 결정짓는 요인이 될 수도 있습니다. 잊지 마십시오.

"여호와를 경외하는 자에게는 부족함이 없도다"(시 34:9). 이런 기도는 아무리 빨리 시작해도 이르다고 할 수가 없습니다. 지금 이 시간을 놓치지 마십시오.

기도

주님, 우리 ○○(아이의 이름)가 날이 갈수록 더욱 하나님을 갈망하기를 기도합니다. 이 아이가 주님의 임재를 바라게 하옵시고, 기도와 찬양・예배를 통해 주님과 함께하는 시간을 기뻐하게 하여 주시옵소서. 하나님의 진리의 말씀을 사모하게 하옵시고, 하나님의 율법과 도(道)를 사랑하는 마음을 주시옵소서. 믿음으로 살고 성령의 인도하심을 받게 하옵시며, 주께서 행하라고 하신 것을 준행하고자 하는 마음가짐을 주시옵소서. 성령님이 자기 안에 충만하게 계심을 깨닫게 하옵시고, 어떤 식으로든지 힘이 빠져 지쳤을 때 즉시 주님께로 달려가 다시 새 힘을 얻게 하옵소서.

하나님을 떠나 다른 어떤 것에 마음을 빼앗기지 않게 하옵시고, 경건치 못한 것과 하나님을 대적하는 모든 것들을 물리치게 하옵소서. 이 아이가 하는 모든 선택과 모든 일에 하나님과 하나님의 법도에 대한 깊은 경외심과 사랑이 묻어 있게 하옵소서. 자기가 할 행위의 결과를 생각해 보게 하옵시고, 육(肉)에 의해 다스림을 받는 인생은 오직 사망을 거둘 뿐임을 알게 하소서. "스스로 지혜롭게 여기지 말고 여호와를 경외하며 악을 떠나게"(잠 3:7) 하옵소서.

기도하옵기는, 이 아이가 믿을 만하며, 의지할 만하고, 책임감이 있으며, 남을 불쌍히 여길 줄 알고, 민감하며, 사랑을 베풀고, 다른 사람에게 베풀 줄 아는 사람이 되게 하옵소서. 교만과 게으름과 나태, 이기심 또는 육신의 정욕에서 이 아이를 건져 주시옵소서. 하나님의 것에는 "예" 하게 하옵시고, 육신의 것에는 "아니오" 하고 말할 수 있는 순종과 배움의 마음을 주시옵소서. 이 아이를 강하게 하사 자기가 확신하는 바를 끝까지 지킬 수 있도록 하옵소서.

교회에서 언제나 적극적인 사람이 되게 하셔서, 말씀의 진리와, 성령이 인도하시는 예배와 기도와 가르치심의 능력에 민감히 반응하는 사람이 되게 하옵소서. 하나님의 말씀을 읽을 때에 그 법도를 이 아이의 마음에 새겨 주사 하나님의 명령은 항상 의롭다는 확신을 가지고 살아가게 하옵소서. 기도할 때에 또한 하나님의 음성에 귀를 기울일 줄도 알게 하옵소서. 하나님과의 관계가 결단코 미적지근 하거나, 무관심하거나, 얕은 관계가 되지 않게 하옵소서. 마음에 언제나 성령의 불이 타오르게 하사 하나님의 일을 하고 싶어하는 마음을 확고히 가지게 하옵소서. 예수님의 이름으로 기도합니다.

싸움에서 이기는 나의 무기

"의(義)에 주리고 목마른 자는 복이 있나니 저희가 배부를 것임이요"(마 5:6).

"여호와를 경외하는 것은 생명의 샘이라 사망의 그물에서 벗어나게 하느니라"(잠 14:27).

"내가 그리스도와 함께 십자가에 못박혔나니 그런즉 이제는 내가 산 것이 아니요 오직 내 안에 그리스도께서 사신 것이라 이제 내가 육체 가운데 사는 것은 나를 사랑하사 나를 위하여 자기 몸을 버리신 하나님의 아들을 믿는 믿음 안에서 사는 것이라"(갈 2:20).

"여호와의 증거를 지키고 전심으로 여호와를 구하는 자는 복이 있도다"(시 119:2).

"여호와여 주의 도로 내게 가르치소서 내가 주의 진리에 행하오리니 일심으로 주의 이름을 경외하게 하소서 주 나의 하나님이여 내가 전심으로 주를 찬송하고 영영토록 주의 이름에 영화를 돌리오리니"(시 86:11,12).

제 10 일

하나님께서 주신 자기 모습을 사랑할 줄 아는 자녀

내가 아는 어떤 사람은 월급을 많이 받는 큰 회사의 엔지니어의 자리를 그만두고 자동차 수리공이 되었습니다. 다른 어떤 일보다 자동차 수리하는 일이 좋았기 때문에 그렇게 한 것이었습니다. 그 사람은 그 지역에서 최고의 수리공이 되었을 뿐만 아니라, 또한 행복하고 성취감을 맛보는 사람이 되었습니다. 내가 아는 다른 한 사람은 목사가 되라는 하나님의 부르심을 거역하였습니다. 비즈니스맨으로 성공하고 싶었기 때문이었습니다. 그 사람은 결국 이혼을 하여 가정을 잃게 되었고, 작은 아들이 죽는 고통을 겪었으며, 자기 인생이 슬픔과 상실 속에서 산산이 부서지는 모습을 보아야 했습니다. 만일 그 사람에게 기도해 주는 부모가 계시고, 그 사람이 어떤 사람이 되기를 하나님이 원하시는지를 알게끔 누군가가 도와주었다면, 사정은 분명히 달라졌을 것입니다.

하나님께서 과연 우리가 어떤 사람이 되기를 바라시는지를 우리가 모르기 때문에, 또는 우리가 아닌 다른 사람이 되려고 하기 때문에, 혹은 단지 내가 아닌 다른 사람이 되었으면 하는 생각을 가졌기 때문에, 한 인생이 결국 불행해지고 좌절감을 맛보며 성취를 하지 못하는 것입니다. 늘 자기의 기대에 훨씬 못 미치는 비참한 생활을 하면서, 마음에도 안 드는 직장에서 일을 하는 사람들에게서 이런 예를 볼 수 있습니다.
"지금의 나는 마음에 안 들어. 딴사람이 되고 싶어."
이런 사람은 언젠가는 허황된 생각에 빠지게 됩니다. 그들에게도 하나님이 주신 장점과 소질이 있다고 격려해 주는 사람을 그 사람은 이제껏 한 번도 만나 보지 못했을지도 모릅니다. 이런 사람은 하나님이 자기를 어떤 사람으로 지으셨는지 전혀 깨닫지 못하는 것이 분명합니다.

하나님께 인도해 주시기를 구한 다음 우리에게 가르쳐 주시는 대로 행할 때, 우리는 하나님이 지으신 바대로의 본연의 자신이 되는 것입니다. 선지자 예레미야는 이스라엘 백성들에게 하나님께서 하시는 그 말씀을 들으라고 끊임없이 외쳤으나 그 사람들은 듣지 않았습니다. 마침내, 하나님께서는 "그러므로 나 만군의 여호와 이스라엘의 하나님이 이같이 말하노라 보라 내가 유다와 예루살렘 모든 거민에게 나의 그들에게 대하여 선포한 모든 재앙을 내리리니 이는 내가 그들에게 말하여도 듣지 아니하며 불러도 대답지 아니함이니라"(렘 35:17)고 하셨습니다. 재앙은 우리가 하나님의 음성에 반응하지 않을 때 일어납니다. 우리는 우리 아이들이 하나님의 목소리를 들을 줄 아는 귀를 소유함으로 이런 재난들이 그 아이들에게 생기지 않기를 위해 기도해야 합니다.

사단이 아이들에게 쓰는 계략 중의 하나는, 그 아이들로 하여금 자기 자신을 다른 사람들과 비교해 보게 만들어서 자기를 남보다 못한 사람으로 판단하게 만든 후에 원래(본연)의 자기가 아닌 딴사람이 되고 싶어하게 조종하는 것입니다. 여자 아이들은 다른 아이들과 자기를 견주어보면서 다른 아이들이 자기보다 얼굴도 더 예쁘고, 옷도 더 멋있고, 집도 더 근사하고, 인기도 더 좋으며, 학교 공부도 더 잘하고 재능과 아름다움을 더 많이 가졌다고 생각합니다. 남자 아이들은 다른 남자 아이들과 자기를 비교해보면서 다른 애들이 키도 더 크고, 얼굴도 더 잘 생겼으며, 운동도 더 잘하고, 친구도 더 많고, 머리도 더 좋고, 컴퓨터도 더 좋은 것을 가졌으며, 재주와 능력도 더 많다고 생각합니다. 이렇게 매일 매일 비교해 보고 자기가 못났다고 생각하게 되면 그 아이의 본연의 자아가 공격을 받습니다. 십대에 들어섰을 때쯤 돼서 자기가 아닌 다른 사람이 되고 싶어하는 아이들을 수도 없이 많이 보아 왔습니다. 자기 자신에 대해서 하나님께 감사하고 최선을 다해 자기를 가꾸어 가려고 하기보다, 만족도 주지 못할 일을 하면서 자기가 될 수 없는 다른 무엇이 되려고 온갖 애를 다 씁니다. 우리의 기도는 사단의 이런 계획을 차단하며 우리 아이들에게 자기 자신과 자기 장래에 대한 분명한 시야를 갖게 해줍니다.

우리 아이들이 아주 어렸을 때부터, 나는 우리 아이들이 어떤 재능과 은사를 가졌는지 알려 달라고 하나님께 기도했습니다. 그 기도와 더불어, 우리 아이들이 하나님이 지으신 바대로의 본연의 모습이 되게 하려면, 이 아이들을 어떻게 격려해 주고 양육하고 개발시키고 훈련시켜야 할지 지혜를 달라고 기도하였습니다. 아이들이 자기의 강점을 보게 하고, 자기의 약점에 과도히 신경쓰지 않게 도와준 것은 하나님께서 주신 지혜의 일부분이었습니다. 아이들이 십대였을 때는 이것이 쉬운 일이 아니어서 나는 자주 이것에 내 기도의 초점을 맞추곤 하였습니다.

하나님이 자기들을 어떤 사람으로 지으셨는지 우리 아들 딸이 이해할 수 있도록 도와준 일등공신은 무엇보다도 하나님과 관계를 갖도록 용기를 북돋우어 준 일이었습니다. 하나님이 누구신지를 알기 전까지는 자기가 누구인지 결코 모를 것이라는 사실을 나는 알고 있었기 때문입니다.

성경에는 성령을 우리 아이들에게 물붓듯 부어주시겠다고 약속하신 말씀이 있습니다.
"그들이 풀 가운데서 솟아나기를 시냇가의 버들같이 할 것이라 혹은 이르기를 나는 여호와께 속하였다 할 것이며 혹은 야곱의 이름으로 자칭할 것이며 혹은 자기가 여호와께 속하였음을 손으로 기록하고 이스라엘의 이름으로 칭호하리라"(사 44:4,5).
이런 아이들은 자기가 누구인지 알게 될 것입니다. 이런 아이들은 성령으로 충만하여져서 자기는 하나님께 속한 사람이라는 내적인 자신감에 차있을 것입니다. "나는 하나님의 것이야" 하고 자신있게 말할 수 있는 그런 아이의 얼굴에서 우리는 자신감으로 빛나는 표정을 볼 수가 있을 것입니다. 당신의 기도로 아이가 그렇게 되기를 원하지 않으십니까?

기도

주님, 지금 이 시간 성령을 우리 ○○(아이의 이름)에게 부어주셔서 하나님께서 원하시는 사람이 되고 하나님께서 원하시는 삶을 살아갈 수 있도록 하여 주시옵소서. 하나님께서는 이렇게 말씀하셨습니다.
"형제들아 각각 부르심을 받은 그대로 하나님과 함께 거하라"(고전 7:24).
이 아이가 주님의 말씀을 따라 살게 하셔서 하나님께서 부르신 그 길에서 떠나거나, 자기 자신이 아닌 다른 어떤 것이 되려고 하지 않게 하여 주시옵소서.

사단의 악한 꾀에서 이 아이를 건져 주시사, 사단이 이 아이의 생명을 빼앗지 못하게 하옵시고, 이 아이만이 가지고 있는 독특한 개성과 재능을 훔쳐가지 못하게 하옵시고, 하나님과 동행하는 길을 훼방하지 못하게 하옵시며, 하나님이 창조하신 이 아이의 본연의 모습을 파괴하지 못하게 하옵소서. 하나님 외에 다른 것을 따르지 않게 하옵시며, 많은 사람들을 주님의 나라로 인도하는 지도자가 되게 하옵소서. 이 아이를 도우사 예수님 안에서 자기가 가지고 있는 권세를 온전히 알아가게 하옵시고, 그러면서도 순종하는 자세와 겸손한 마음을 잃지 않게 하옵소서. 사랑과 희락, 화평과 인내, 자비와 양선, 믿음과 온유와 절제 등 성령의 열매(갈 5:22)가 이 아이 속에서 날마다 자라나게 하옵소서.

주님 안에서 자기가 누구인지를 발견하게 하옵시고, 자신을 주님의 도구로 보게 하옵시며, 주님 안에서 자신이 온전함을 알게 하옵소서. 자기 장래에 대해 목표를 세울 때에 자기 인생에 대한 비전을 주옵시고, 하나님께서 주신 소명에 대해 바른 목적 의식을 갖게 하여 주시옵소서. 이 아이를 도우사 주님이 그러하셨던 것처럼, 자신의 과거가 아니라 미래의 관점에서 자기 자신을 바라볼 수 있게 하여 주시옵소서. 이 아이를 향한 주님의 생각은 자기에게 밝은 미래와 희망을 주려는 화평의 생각이지 악의 생각이 아님을 확신시켜 주시옵소서(렘 29:11). 이 아이를 가르치사 자기 장래의 소망이 주님께 있음을 알게 하옵소서. "우리를 구원하사 거룩하신 부르심으로 부르심은 우리의 행위대로 하심이 아니요 오직 자기 뜻과 영원한 때 전부터 그리스도 예수 안에서 우리에게 주신 은혜대로"(딤후 1:9) 하시는 분이 바로 하나님이심을 이 아이가 깨닫게 하여 주옵소서. 이 아이가 하나님이 지으신 본연의 자기 모습에 전심함으로써 자신감과 성령께서 주시는 담대함이 날마다 자라나게 하옵소서. 예수님의 이름으로 기도합니다. 아멘.

싸움에서 이기는 나의 무기

"오직 너희는 택하신 족속이요 왕 같은 제사장들이요 거룩한 나라요 그의 소유 된 백성이니 이는 너희를 어두운 데서 불러 내어 그의 기이한 빛에 들어가게 하신 자의 아름다운 덕을 선전하게 하려 하심이라"(벧전 2:9).

"하나님이 자기를 사랑하는 자들을 위하여 예비하신 모든 것은 눈으로 보지 못하고 귀로도 듣지 못하고 사람의 마음으로도 생각지 못하였다"(고전 2:9).

"그러므로 형제들아 더욱 힘써 너희 부르심과 택하심을 굳게 하라 너희가 이것을 행한즉 언제든지 실족지 아니하리라"(벧후 1:10).

"우리가 알거니와 하나님을 사랑하는 자 곧 그 뜻대로 부르심을 입은 자들에게는 모든 것이 합력하여 선을 이루느니라 하나님이 미리 아신 자들로 또한 그 아들의 형상을 본받게 하기 위하여 미리 정하셨으니 이는 그로 많은 형제 중에서 맏아들이 되게 하려 하심이니라 또 미리 정하신 그들을 또한 부르시고 부르신 그들을 또한 의롭다 하시고 의롭다 하신 그들을 또한 영화롭게 하셨느니라"(롬 8:28~30).

"일어나라 빛을 발하라 이는 네 빛이 이르렀고 여호와의 영광이 네 위에 임하였음이니라"(사 60:1).

제 11 일

거짓을 버리고 진리를 따르는 자녀

우리집에서는 어떤 위반 행위에 대한 벌은 타협의 여지가 없다는 것을 아이들이 알고 있습니다. 만일 거짓말까지 했으면, 지체없이 즉각 (다소 힘겨운)벌을 받으며, 봐주는 법은 없습니다. 거짓말은 다른 모든 악한 짓의 근본이므로, 우리는 거짓말하는 것을 가장 나쁜 짓으로 간주합니다. 모든 죄와 범법 행위는, 거짓말을 하거나 거짓말이 통한다고 믿는 사람으로부터 시작됩니다. 그 거짓말이 설사 "거짓말을 하면 내가 갖고 싶은 것을 가질 수가 있어"와 같은 단순한 동기에서 출발한 것이라 할지라도, 그것은 사단에게 길을 깔아주는 것이나 다름없습니다.

일찍이 우리 딸은 "악의 없는 작은 거짓말"을 한 적이 있습니다. 그러나 거짓말을 해서 받는 벌이 자기가 거짓말을 해서 보는 이득을 볼품없게 만든다는 것을 딸아이는 이내 알게 되었습니다. 그런 반면에 아들은 그저 그런 가벼운 정도가 아니었습니다. 그 아이는 거짓말을 했다 하면, 큰 거짓말을 했습니다.

크리스토퍼가 일곱 살이었을 때 자기 친구 스티븐과 그 아이네 집 앞에서 야구를 하고 있었습니다. 그러다가 그만 야구공이 그 집 정면에 있는 커다란 유리창을 쨍그랑 깨뜨려버렸고, 그 소리를 듣고 놀란 스티븐 엄마가 즉시 앞문으로 달려 나왔습니다.
"누가 그랬지?" 하고 스티븐 엄마가 물었습니다. 『나 안 그랬어요』 하고 스티븐이 말했습니다. 「저도 안 그랬어요」 하고 크리스토퍼가 대답했습니다.
"스티븐, 네가 이 공으로 유리창을 깨지 않았다는 말이냐?"
『아뇨. 제가 안 깼어요.』
힘을 주어가며 스티븐이 말했습니다.
"크리스토퍼, 네가 이 공으로 유리창을 깼니?"
「아줌마가 내가 그러는 걸 보셨으면 내가 깬 거구요. 아줌마가 보시지 못했으면, 제가 깬 게 아니예요.」
크리스토퍼는 아주 태연한 목소리로 대답했습니다.
"난 네가 깨는 걸 보지 못했다."
아줌마가 말했습니다.
「그럼 제가 깬 게 아니예요.」
크리스토퍼의 대답이었습니다.

스티븐 엄마가 이 일을 우리에게 말해 주었을 때, 크리스토퍼가 거짓말을 해서 궁지를 빠져나갈 수도 있다는 생각을 아예 하지 못하도록 내가 이 일을 처리해야겠다고 생각했습니다.
"크리스토퍼, 어떤 분이 거기서 일어난 일을 다 보았대. 엄마에게 사실대로 말해 주지 않을래?"
그 아이의 이실직고와 회개의 마음을 기대하면서 나는 물었습니다. 크리스토퍼는 고개를 떨구더니 「그래요. 제가 그랬어요」하고 말했습니다.

그리고 나서 우리는 하나님의 말씀은 과연 거짓말에 대해 뭐라고 말씀하는가에 대해 오래 이야기를 나누었습니다.
"사단은 거짓말쟁이야. 사단이 하는 나쁜 일은 전부 거짓말로 시작한단다. 거짓말을 하는 사람들은 거짓말을 하면 일이 더 잘 될 줄로 믿고 있지. 그렇지만, 사실은 그 반대란다. 그렇기 때문에 거짓말을 하는 것은 자기를 사단에다 묶어놓는 짓이야. 네가 거짓말을 할 때마다 너는 네 마음의 한 조각을 사단에게 내어주고 있는 거야. 네가 거짓말을 많이 하면 할수록 너는 사단의 거짓말하는 영(靈)을 네 마음속에 불러들이는 거란다. 그래서 결국은 거짓말을 안 하고 싶어도 멈출 수가 없게 되는 거야. 성경에 이런 말씀이 있지.
'속이는 말로 재물을 모으는 것은 죽음을 구하는 것이라' (잠 21:6).
다른 말로 하면, 거짓말을 해서 네가 무엇을 얻고 있다고 생각할지 몰라도, 사실은 네가 하고 있는 일이란 바로 죽음을 네 인생으로 불러들이는 짓을 하고 있다는 거야. 사실을 말해서 얻는 결과가 죽는 것보다는 낫지. 거짓말을 한 것 때문에 부모님께 혼이 난다 하더라도 그것이 거짓말을 한 그 결과보다는 훨씬 유쾌한 것이란다. 왜냐하면 성경에 이렇게 약속하고 있기 때문이지.
'거짓 증인은 벌을 면치 못할 것이요 거짓말을 내는 자도 피치 못하리라'(잠 19:5)."

그 날 자기가 유리창 깨는 것을 본 분이 누구냐고 크리스토퍼가 물어온 것은 그 사건이 있고 나서 꽤 시간이 흐른 뒤였습니다.
"그분은 하나님이셨지. 하나님이 너를 보셨어. 너나 네 동생이 하는 일 중에 엄마가 알아야 할 것은 꼭 알게 해달라고 하나님께 항상 기도해 왔단다. 그분은 진리의 영이시란다. 너도 알 거야."
나는 크리스토퍼에게 설명을 해 주었습니다.
「엄마, 그건 말도 안 돼.」
크리스토퍼는 이 말만 했습니다. 그 일 이후로 (몇 번 안 되지만) 거짓말을 했을 경우에, 아들은 항상 내게로 즉시 달려와 고백을 하였습니다. 그런 다음 다음과 같은 설명을 덧붙였습니다.
「엄마가 하나님께로부터 내가 거짓말했다는 사실을 듣기 전에 엄마에게 말씀드리는 게 낫겠다고 생각했어요.」

아이들은 어느 땐가는 거짓말을 하기 마련입니다. 문제는 아이들이 거짓말을 하느냐 안 하느냐가 아니라, 거짓말을 해도 통한다고 믿게 된다는 것에 있습니다. 거짓말에 대해 하나님의 말씀이 무엇이라고 말씀하시는지 우리가 아이들에게 가르치지 않는다면, 아이들은 왜 거짓말이 나쁜지 모를 것입니다. 아이들이 거짓말을 했을 때 버릇을 고쳐 놓지 아니하면, 거짓말을 해도 아무 일이 없다고 생각하게 될 것입니다. 만일 우리가 지금 이 문제를 놓고 기도하지 않는다면, 장차 더 큰 일을 치러야 할 때가 올 것입니다.

성경은 사단에 대해 이렇게 말씀합니다.
"저는 처음부터 살인한 자요 진리가 그 속에 없으므로 진리에 서지 못하고 거짓을 말할 때마다 제 것으로 말하나니 이는 저가 거짓말쟁이요 거짓의 아비가 되었음이니라"(요 8:44).
거짓말의 근원이 어디인지 알았으니, 가만히 앉아서 거짓의 씨앗이 당신 자녀의 마음에 뿌리내리게 방치해 둘 수는 없습니다.

거짓의 영이 아이 속에서뿐만 아니라 당신 자신의 속에서도 뿌리채 뽑혀지기를 지금 기도하십시오. 종종 부모들이 아이들의 거짓말 문제를 대충 지나칠 때가 있습니다. 자기 자신도 종종 거짓말을 하고 있기 때문이지요. 우리는 거짓의 길을 버리고 진실을 좇아 가야 합니다. 우리 부모 된 사람들은 아이들의 본이 되어야 합니다. 우리도 요한이 한 말을 할 수 있기를 바랍니다.
"내가 내 자녀들이 진리 안에서 행한다 함을 듣는 것보다 더 즐거움이 없도다"(요삼 1:4).
우리 아이들이 거짓의 아비와 짝하는 것을 우리는 바라지 않습니다. 아이들이 빛들의 아버지와 짝하기를 우리는 바랍니다(약 1:17).

기도

주님, 우리 ○○(아이의 이름)를 진리의 영으로 충만케 하시기를 기도합니다. 이 아이에게 진실을 사랑하고 따르려는 마음을 주시옵소서. 그리고 모든 거짓은 마귀에게서 비롯된 것임을 알아서 배척하게 하옵소서. 거짓의 영을 즐겁게 하는 죄악의 씨앗이 이 아이에게 있사오면 모두 씻어 내 주시옵고, 거짓된 말이나 거짓된 생각의 결과로서 찾아오는 모든 사망의 음침한 접근으로부터 이 아이를 보존해 주옵소서. 거짓말을 할 때마다 자기의 마음 한 조각을 사단에게 내어주는 것임을 이 아이가 깨닫도록 도와주시옵고, 거짓말을 함으로써 혼란과 죽음이 오며, 하나님의 임재로부터 멀어져 간다는 것을 깨닫게 하옵소서.

이 아이가 거짓말을 하고서도 벌을 받지 않고 지나가는 일이 없기를 기도합니다. 모든 거짓은 빛 가운데 들어나게 해 주시옵소서. 거짓말을 했을 경우엔 이 아이에게 비참한 마음이 들게 하셔서, 차라리 고백하고 그 결과를 달게 받는 것이 더 낫게 느껴지게 하옵소서. 저를 도우사 거짓말하면 어떻게 되는지 아이에게 잘 가르치게 하옵시고, 아이가 이 원리를 시험하려 할 때에 효과적으로 버릇을 들이게 하옵소서. 주님은 이렇게 말씀하셨습니다.

"진리의 성령이 오시면 그가 너희를 모든 진리 가운데로 인도하시리라"(요 16:13).

성령께서 아이를 모든 진리 가운데로 인도해 주시기를 기도합니다. 거짓에게 자리를 내주는 사람이 되지 않게 하여 주옵시고, 진리의 영을 열심히 좇는 정직한 사람이 되게 하여 주시옵소서. 예수님의 이름으로 기도합니다. 아멘.

싸움에서 이기는 나의 무기

"거짓 입술은 여호와께 미움을 받아도 진실히 행하는 자는 그의 기뻐하심을 받느니라"(잠 12:22).

"나의 영혼이 눌림을 인하여 녹사오니 주의 말씀대로 나를 세우소서 거짓 행위를 내게서 떠나게 하시고 주의 법을 내게 은혜로이 베푸소서"(시 119:28,29).

"인자와 진리로 네게서 떠나지 않게 하고 그것을 네 목에 매며 네 마음판에 새기라 그리하면 네가 하나님과 사람 앞에서 은총과 귀중히 여김을 받으리라"(잠 3:3,4).

"악한 자의 임함은 사단의 역사를 따라 모든 능력과 표적과 거짓 기적과 불의의 모든 속임으로 멸망하는 자들에게 임하리니 이는 저희가 진리의 사랑을 받지 아니하여 구원함을 얻지 못함이니라"(살후 2:9,10).

"너희가 나를 사랑하면 나의 계명을 지키리라 내가 아버지께 구하겠으니 그가 또 다른 보혜사를 너희에게 주사 영원토록 너희와 함께 있게 하시리니 이는 진리의 영이라 세상은 능히 저를 받지 못하나니 이는 저를 보지도 못하고 알지도 못함이라 그러나 너희는 저를 아나니 저는 너희와 함께 거하심이요 또 너희 속에 계시겠음이라"(요 14:15~17).

제 12 일

건강과 치유의 삶을 누리는 자녀

딸 아이가 네 살 적에 눈에 문제가 있다는 진단을 받았습니다. 의사는 이 아이가 수술을 받아야 하며, 남은 평생 동안 두꺼운 렌즈를 끼고 살아야 할 것이라고 말했습니다.
"주님, 이것이 주님이 제 딸에게 주시는 것입니까? 만일 그렇다면 제게 알려 주십시오. 이것 때문에 마음에 평화가 없습니다."

남편도 나와 같은 심정이었습니다. 그래서 우리는 아만다의 눈을 치료해 달라고 기도하였습니다. 그리고 필요하다면, 이 아이를 치료해 줄 수 있는 다른 의사를 찾게 해 달라고 기도했습니다. 그 다음날, 나는 아만다의 형편을 전혀 모르는 사람에게서 전화 한 통을 받았습니다. 그런데 그 사람은 로스앤젤레스에 있는 아동 병원에 아주 훌륭한 안과 의사가 있다는 정보를 가지고 있었습니다. 나는 아만다를 이 의사에게 데리고 갔습니다. 아만다를 철저히 검사해 본 그 의사는 희망적인 말을 해 주었습니다. 자기가 믿기로는 콘택트 렌즈가 이 문제를 해결해 줄 수 있고 수술은 받을 필요가 없을 것이라고 했습니다. 우리는 그의 진단에 즉각 안심이 되어서 아만다를 이 의사에게 맡겼습니다. 그러면서도 우리는 아만다를 치료해 주실 것을 계속 기도했습니다.

그 후 8년 동안 아만다는 의사의 엄격한 진찰과 함께 콘택트 렌즈를 착용하고 생활했습니다. 매일 아침마다 렌즈를 끼워 주고 밤마다 빼주는 일은 참으로 성가신 일이었습니다. 거기다가, 운동장에서 한쪽 렌즈를 잃어버렸을 때마다 학교로 달려가야 하는 것도 참으로 번거로운 일이었습니다. 그렇지만 우리는 인내했습니다. 그러던 어느 날 아만다가 열두 살이 되었을 때, 정기적인 검사를 받으러 갔습니다. 의사는, "넌 이제 더 이상 렌즈나 안경을 낄 필요가 없어. 수술도 받을 필요가 없어. 눈은 이제 정상이야" 하고 말했습니다. 우리는 너무나 기뻤습니다. 그 동안 인도해 주시고 기도에 응답해 주신 하나님께 감사하였습니다.

아이가 감기나 독감에 걸릴 때마다, 열이 날 때마다, 다칠 때마다, 우리는 기도했고 하나님은 우리 기도에 응답해 주셨습니다. 물론 병원에 가야 할 필요가 있을 때는 서슴없이 데려갔습니다. 왜냐하면 하나님은 의사를 통해서도 고치신다는 것을 우리는 알고 있었기 때문이었습니다. 그러나 성경은 이르기를, "너희 중에 병든 자가 있느냐 저는 교회의 장로들을 청할 것이요 그들은 주의 이름으로 기름을 바르며 위하여 기도할지니라 믿음의 기도는 병든 자를 구원하리니 주께서 저를 일으키시리라"(약 5:14,15)고 했습니다. 요는, 먼저 기도하고 그리고 필요할 때는 의사에게 보이라는 것입니다. 그리고 일단 고침을 받고 난 뒤에는 의심을 하여서는 안 됩니다.

이 책의 앞 부분에서 말했듯이 우리 아들이 교통사고를 당했을 때, 그 애는 등과 무릎을 몹시 아파했습니다. 우리는 물론 이 아이를 고쳐달라고 즉시 기도하였고, 병원에서 엑스 레이를 찍게 했으며 검사를 철저히 하였습니다. 그렇기는 하지만, 우리는 완전한 치유를 위해 계속 기도했습니다. 그 애의 약한 무릎과 등이 남은 평생 동안 문제거리가 되는 것을 바라지 않았기 때문이었습니다. 과실이 있는 상대편 자동차 운전자의 보험회사에서 책임을 지겠다고 연락이 왔을 때 나는 성경 말씀의 강한 감동을 받았습니다.
"나 여호와가 말하노라 … 내가 너를 치료하여 네 상처를 낫게 하리라"(렘 30:17).
나는 우리 아들이 낫는다는 확신이 생겨서 그 어떤 보상도 거절하기로 하였습니다. 예레미야서의 말씀이 저에게는 마치 "돈을 원하느냐 아니면 치료를 원하느냐?" 하는 음성처럼 들려 왔기 때문입니다.
『하나님, 치료를 원합니다. 감사합니다.』
나는 주저하지 않고 대답하였습니다.

보험금을 타는 것은 믿음이 부족한 탓이라는 말을 하고 있는 것이 아닙니다. 나는 그렇게 생각하지는 않습니다.

그러나 이 경우는 보상금을 거절하는 것이 우리가 마땅히 해야 할 일이었습니다. 우리가 치료해 달라고 기도해서 하나님께서 치유해 주셨을 때, 마치 그런 일(하나님께서 치료의 광선을 발하신 일)이 없었다는 듯이 처신해서는 안 됩니다.

성경은 치료의 약속으로 가득 차 있습니다. 다윗은 시편 103편 2,3절에서 이렇게 말했습니다.
"내 영혼아 여호와를 송축하며 그 모든 은택을 잊지 말지어다 저가 네 모든 죄악을 사하시며 네 모든 병을 고치시며."
예수님은 우리 죄를 용서하며 우리 몸의 질병을 치료하기를 원하십니다. 부모 된 우리가 평소 늘 기도함으로써 우리 아이들을 위해 주님이 주시는 건강과 치료를 꼭 붙잡도록 합시다.

기도

주님, 주님께서 이르시기를 병 낫기를 위해서 서로 기도해야 한다고 하셨으므로, 우리 ○○(아이의 이름)가 항시 치료받고 온전해지기를 위해 기도합니다. 질병의 세력이 이 아이의 인생에 틈타지 못하게 하옵소서. 이 아이의 몸으로 들어오려는 그 어떤 질병이라도 막아 주시옵소서. 주님은 이렇게 말씀하셨습니다.
"저가 그 말씀을 보내어 저희를 고치사 위경(危境)에서 건지시는도다"(시 107:20).

기도하오니 이 아이의 몸이 아플 때마다 주님의 치료의 권능으로 이 아이를 만져 주시고 완전히 건강하게 회복시켜 주시옵소서.

이 아이에게 다가오는 어떠한 어려운 지경이나 다칠 위험에서 이 아이를 건져 주옵소서. 특별히 (아이가 특별히 앓고 있는 질병)를 고쳐 주시기를 간절히 기도합니다. 우리가 의사의 진찰을 받아야 할 것이면 누구한테 받아야 할지 인도해 주시기를 원합니다. 또 그 의사가 가장 좋은 치료 방법을 깨닫도록 지혜와 지식을 주시기를 원합니다.

주님이 우리를 위해 고난 받으시고 죽으심으로 우리가 나음을 입게 해 주셔서 정말 감사합니다. 주님께서 말씀 속에서 약속하셨고 또 그것을 믿는 자들에게 베푸시는 그 치료의 분복을 지금 간구하나이다. 우리 아이의 건강한 삶과 치료해 주심과 온전한 건강을 위해 주님만을 바라보오니 도와주소서. 예수님의 이름으로 기도합니다. 아멘.

싸움에서 이기는 나의 무기

"그가 찔림은 우리의 허물을 인함이요 그가 상함은 우리의 죄악을 인함이라 그가 징계를 받음으로 우리가 평화를 누리고 그가 채찍에 맞음으로 우리가 나음을 입었도다"(사 53:5).

"이러므로 너희 죄를 서로 고하며 병 낫기를 위하여 서로 기도하라 의인의 간구는 역사하는 힘이 많으니라"(약 5:16).

"내 이름을 경외하는 너희에게는 의로운 해가 떠올라서 치료하는 광선을 발하리니"(말 4:2).

"저는 죄를 범치 아니하시고 그 입에 궤사도 없으시며 … 친히 나무에 달려 그 몸으로 우리 죄를 담당하셨으니 이는 우리로 죄에 대하여 죽고 의에 대하여 살게 하려 하심이라 저가 채찍에 맞음으로 너희는 나음을 얻었나니"(벧전 2:22,24).

"그리하면 네 빛이 아침같이 비칠 것이며 네 치료가 급속할 것이며 네 의가 네 앞에 행하고 여호와의 영광이 네 뒤에 호위하리니"(사 58:8).

제 13 일

적절하게 신체 관리를
할 줄 아는 자녀

과자류나 인스턴트 음식들이 판치는 세상에 아이들을 혼자 내버려 두면 아이들은 좋지 않은 음식에만 끌리게 될 것입니다. 인스턴트 음식은 대부분 어떻게 만들어지는지 볼 수가 없고, 여러 처리 과정을 거치며, 껍질은 다 벗겨진 채 원래의 식품이 아니고, 첨가물이 들어간 것들이거나 아니면 반대로 어떤 영양소들이 제거된 그런 것들이어서 음식으로서의 가치가 거의 없는 것들입니다. 하지만 아이들이야 그런 것에는 관심도 없습니다. 애들은 그저 보기 좋고, 냄새 좋고, 맛이 좋은 그런 음식만을 원합니다. 거기다가 텔레비전에서 광고를 한 것이면 더 볼 것도 없습니다. 상황이 더욱 어려워지는 것은 남편이 이런 패스트 푸드를 좋아하는 나머지 아이들 것과 자기 것을 사들고 집으로 들어올 때입니다. 한번은 생후 10개월 된 아들을 그 애 아버지와 함께 집에 남겨 두고 외출했다가 돌아와 보니 그 아이의 젖병 속에 콜라가 들어 있었습니다. 그 날 나는 얼마나 속상했는지 이루 다 말할 수가 없었습니다. 그 때 나는 기도만이 나의 유일한 소망이란 것을 깨달았습니다.

건강에 좋은 음식을 시각적으로도 먹음직하게 보이도록 하기 위해 있는 정성을 다했습니다. 그리고 아이들에게 좋은 식사 습관을 가르치려고 애를 썼습니다. 때로는 아이들의 비난도 기꺼이 감수하였습니다.
"난 이것 먹기 싫어요. 자기 집 부엌에 간식이나 패스트 푸드가 없는 집은 이 세상에 우리집 밖에 없을 거야."
아들이 짜증을 내며 말했습니다.
『우리는 너무나 건강해서 그게 오히려 나를 짜증나게 만들어요.』
눈물을 글썽이며 딸이 말했습니다.

"마른 떡 한 조각만 있고도 화목하는 것이 육선(肉饍)이 집에 가득하고 다투는 것보다 나으니라"(잠 17:1).
나는 이 말씀이 옳다고 믿었으므로 내가 할 수 있는 한 이 문제를 거론하지 않고 있었습니다. 내가 눈 앞에서 일일이 지적해 주지 않는 이상 아이들의 손은 어느새 인스턴트 음식에 가 있기 마련입니다. 그래서 오직 기도를 통한 하나님의 능력만이 변화를 가져올 수 있습니다.

거의 모든 사람들이 정도는 좀 다를지라도 적절한 몸 관리를 하지 못해 고생들을 하고 있습니다. 나는 건강 관리에 대한 책을 썼고 비디오 테이프를 만들었기 때문에 이 문제로 고투하는 수많은 사람들을 만날 수가 있었습니다. 어떤 사람은 이 문제로 말할 수 없는 고민과 실패를 거듭하기도 하였습니다. 만일 우리가 건강한 습관이 형성되도록 아이들을 지도하고 가르칠 뿐만 아니라, 기도로 우리 아이들을 거들어 주지 않는다면, 그것은 우리가 아이들을 학대하는 것이나 마찬가지이고, 아이들은 결국 이 사람들과 똑같은 지경에 이르고 말 것입니다.

아이가 아직 어리다면, 건강에 좋은 음식에 끌리게 해달라고 기도를 시작하십시오. 그리고 운동이 좋아지도록 기도하고, 자기 몸을 잘 관리하도록 기도하십시오. 부모가 기도하지 않으면, 그 아이들이 십대쯤 되어서는 이미 나쁜 습관이 몸에 배어버렸을지도 모르고, 그래서 손을 써 볼 수도 없는 상황에 이르게 될지도 모릅니다. 십대 여자 아이들과 여대생들에게서 흔히 비정상적인 식사 습관을 찾아볼 수 있는데, 이제는 남자 아이들에게서조차도 이런 것들이 전염되고 있는 것을 보게 됩니다. 이런 증상들이 나타나기 전에 기도를 시작하십시오.

아이가 나이를 좀 먹었으면 지금 바로 그 아이를 조절시키도록 하십시오. 식욕부진과 게걸병으로 고생하는 많은 젊은 여성들은 그 육체의 문제 이상의 것과도 싸우고 있습니다. 그 사람들은 영적인 싸움도 함께 하고 있는 것입니다. 그들은 하나님이 정해 주신 방법과는 정반대가 되는 식사 습관에 매여 있습니다. 이런 면에서 고생하는 젊은 여성들을 나는 이제껏 많이 보아 왔습니다. 이 사람들을 위해서 부모님들이 중간에 나서서 조절해 주었던 경우엔 성공한 예가 많았습니다. 그러나 그 행운이 없었던 사람들은 그러지를 못했습니다.

자기 몸을 위해 어떻게 하는 것이 옳은지 성령께서 아이들을 인도하시고 힘을 주셔야 합니다. 당신의 기도는 아이의 실패와 좌절과 비통을 덜어줄 수 있습니다. 당신을 위해서도 이 기도를 해주는 누군가가 있었으면 하고 바라지는 않으십니까? 나는 그런 바램을 가지고 있습니다.

기도

주님, 우리 ○○(아이의 이름)를 위해서 주께 기도합니다. 이 아이 마음속에 건강에 좋은 음식을 먹고 싶어하는 생각을 주시기를 간구합니다. 별로 좋지 않은 음식을 선택하고 싶은 유혹을 평생 받기 쉬운 줄을 압니다. 생명 대신에 죽음을 부르는 것을 선택하기가 쉬울 것입니다. 이 아이를 도우사 자신에게 좋은 것이 무엇인지 해로운 것은 어떤 것인지 깨닫게 하옵시고, 건강에 좋은 음식이 먹고 싶어지게 하여 주시옵소서. 몸에 해로운 음식은 받아들여지지 않게 하거나, 맛이 없어지게 하여 주시옵소서.

식욕부진이나 게걸병에 걸리지 않게 하여 주시옵기를 기도합니다. 예수 그리스도 안에서 저에게 주신 권세에 의지하여, 내 딸(아들)을 위하여 선포합니다.
"식욕부진 물러갈지어다."
"게걸병 물러갈지어다."
"음식 중독 물러갈지어다."

"과식 물러갈지어다."
"굶으며 살빼기 물러갈지어다."
"불균형 식사 습관 물러갈지어다."

요한복음 8장 32절에서 주님은 이렇게 말씀하셨습니다. "진리를 알지니 진리가 너희를 자유케 하리라." 이 아이를 도우사 자신이 살아가야 할 길에 대해 진리를 알게 하옵시고, 건강에 해로운 습관에서 자유하게 하옵소서. 적절한 식욕과 더불어, 규칙적인 운동을 하게 하옵시고, 깨끗한 물을 많이 마시게 하옵시며, 주님의 말씀에 따라 삶으로써 자기 생활에서 생기는 스트레스를 잘 관리하고 조절할 수 있게 하옵소서. 이런 문제들과 싸울 때에 주님께로 돌아와 "여호와여 주의 길로 나를 가르치시옵소서" (시 27:11)라고 기도하게 하옵소서. 이 아이가 자기 몸을 성령의 전(殿)으로 보게 하옵소서.

자기 몸을 하나님께서 주신 것으로 귀하게 여기게 하옵시고, 잘 관리하게 하옵소서. 자기 몸을 흠잡지 않게 하옵시고, 다른 사람의 소견이나 말이라는 현미경으로 자기 몸을 살피지 않게 하옵소서. 패션 잡지나 텔레비전, 혹은 영화 등의 틀에 박힌 이미지의 미끼에 걸리지 않게 하여 주옵소서. "내 눈을 돌이켜 허탄한 것을 보지 말게 하시고 주의 도에 나를 소성케 하소서"(시 119:37) 하고 이 아이가 말할 수 있게 하여 주시옵소서. 정말로 사람을 멋있게 보이게 하는 것은 이 아이 안에 살아계셔서 밖으로 빛을 뿜는 성령님이심을 깨닫게 도와주시옵소서. 진정한 매력은 하나님을 사랑하는 사람의 마음 안에서 시작된다는 것을 이해하게 도와주시옵소서.

오늘 이 시간 이 아이 마음속에 건강과 아름다움에 대한 주님의 안목을 심어주옵시고, 자기 몸이 성령의 전이니까 잘 관리해야겠다는 마음을 영원토록 갖게 하여 주옵소서. 예수님의 이름으로 기도합니다. 아멘.

싸움에서 이기는 나의 무기

"너희 몸은 너희가 하나님께로부터 받은 바 너희 가운데 계신 성령의 전인 줄을 알지 못하느냐 너희는 너희의 것이 아니라 값으로 산 것이 되었으니 그런즉 너희 몸으로 하나님께 영광을 돌리라"(고전 6:19,20).

"누구든지 하나님의 성전을 더럽히면 하나님이 그 사람을 멸하시리라 하나님의 성전은 거룩하니 너희도 그러하니라"(고전 3:17).

"그러므로 형제들아 내가 하나님의 모든 자비하심으로 너희를 권하노니 너희 몸을 하나님이 기뻐하시는 거룩한 산 제사로 드리라 이는 너희의 드릴 영적 예배니라"(롬 12:1).

"오직 주 예수 그리스도로 옷 입고 정욕을 위하여 육신의 일을 도모하지 말라"(롬 13:14).

"그런즉 너희가 먹든지 마시든지 무엇을 하든지 다 하나님의 영광을 위하여 하라"(고전 10:31).

제 14 일

배움의 의욕을 가진 자녀

친구들과의 관계라는 면에서 학교는 나에게 무서운 경험을 하게 하였지만, 좋은 성적을 올리는 것은 아주 쉬웠습니다. 그랬기 때문에 우리 아이들이 배우려는 의욕과 더불어 공부할 수 있는 능력을 갖게 해달라고 기도할 생각을 하지 못했던 것입니다. 우리집 아이들 중 하나가 일종의 난독증(難讀症, 독서 장애)을 가지고 있음이 분명해졌을 때까지는 그랬습니다. 이 아이는 총명하고 똑똑한데다 남다르게 재주꾼이어서, 학습 지진의 가능성이 있으리라고는 꿈에도 생각지 못했습니다. 어쨌거나 초등학교는 처음 시작부터 엉망이었습니다. 우리 아이가 학습이 어렵다는 전문적인 진단을 3학년에 가서 받았을 때까지는 도대체 무슨 영문인지를 몰랐습니다. 이 문제 때문에 가슴 아픈 순간들이 참 많았지마는, 기도가 우리를 지탱해 주었습니다. 남편과 나 그리고 우리 기도 친구들은, 이 아이를 완전히 고쳐 주시든지, 아니면 이 문제에 대해 평화로운 마음을 주셔서 그것을 이 아이만이 가진 독특한 한 부분으로 받아들일 수 있게 해달라고 계속 기도하였습니다.

이런 것이든 저런 것이든 우리 모두는 다 결점을 가지고 있습니다. 그런데 감사하게도 하나님은 우리의 부족한 점은 그분의 힘으로 보충해 주십니다. 고린도후서 3장 5절은 이렇게 말씀합니다.
"우리가 무슨 일이든지 우리에게서 난 것같이 생각하여 스스로 만족할 것이 아니니 우리의 만족은 오직 하나님께로서 났느니라."
이것은 사실입니다. 하나님께서는 우리 아이가 한 해 한 해 학교 생활을 성공적으로 감당하게 하셨고, 우리는 그 과정을 통해서 참다운 지식과 이해는 주님과 함께 시작하며, 주님으로부터 온다는 것을 배웠습니다.

지식은 하나님과 그분의 길을 경외하는 것으로 시작한다고 성경은 가르칩니다. 만일 우리가 하나님의 말씀을 받아 그 계명을 우리 마음에 잘 간직하면, 만일 우리가 하나님을 알려고 노력하면서 도와주시기를 구하면, 만일 우리가 숨은 보물을 찾듯 그렇게 열심히 알려고 추구한다면, 우리는 하나님의 지식을 발견하게 될 것입니다(잠 2:1~12 참조). 그런데 그 지식은 얼마나 광대한지 모릅니다. 그것은 너무나 힘이 있어서 우리를 악에서 구하고 보호하는 방패가 됩니다.

아이의 학습 능력과 배우려고 하는 욕구를 당연한 것으

로 생각해서는 안 됩니다. 우리 아이가 뱃속에 있을 때에라도 "하나님, 이 아이에게 건강하고 튼튼하며 선한 마음과 몸을 허락하여 주시고, 영원토록 하나님께 배우게 하여 주옵소서" 하고 우리는 기도해야 합니다. 물론 이런 기도는 일찍 시작할수록 좋습니다. 그러나 아이의 나이가 지금 몇 살이건, 당신의 기도는 긍정적인 차원에서 영원한 차이를 만들어 냅니다.

기도

주님, 우리 ○○(아이의 이름)가 하나님과 하나님의 법도를 깊이 경외하기를 기도합니다. 이 아이가 하나님 말씀을 자기 마음에 보물같이 간직하게 하옵시고, 금이나 은을 찾는 것처럼 지식을 추구하게 하여 주옵소서. 맑은 정신과 가르침을 받으려고 하는 정신과 또 학습 능력을 이 아이에게 주시옵소서. 지식과 기능을 숙달하려는 열망을 이 아이에게 심어 주시고 그 과정에서 기쁨을 느끼게 하옵소서.

    무엇보다도 원하옵기는, 이 아이가 하나님께 배우기를 원합니다. 우리 자녀들이 하나님의 가르침을 받을 때 그들에게는 평안이 보장되어 있다고 말씀하셨으니까요. 하나님은 또한 이렇게 말씀하셨습니다.

"여호와를 경외하는 것이 지식의 근본이어늘 미련한 자는 지혜와 훈계를 멸시하느니라"(잠 1:7).

이 아이가 어리석은 자처럼 되어 배움의 자리에서 돌아서지 않게 하옵시고, 오히려 자기가 필요한 지식을 얻기 위하여 주께로 향하게 하여 주시옵소서.

기도하오니 이 아이가 자기 부모의 지혜를 존중하여 부모의 가르침을 기쁘게 받게 하여 주옵소서. 또한 하나님께서 이 아이의 인생에 보내주신 선생님들의 가르침도 열심히 받게 하여 주옵소서. 하나님, 좋은 선생님을 만나게 하여 주시고, 이 아이가 쉽게 배울 수 있는 경건한 선생님을 만나게 하여 주옵소서. 이 아이에게 경건치 못한 영향을 주거나 나쁜 학습 경험을 갖게 하는 선생님은 만나지 않게 하옵소서. 이 아이가 선생님의 귀염을 받게 하옵시고 선생님과 대화가 잘 되게 하여 주옵소서. 학교에서 성적이 뛰어나게 하여 주옵시고, 자기가 택한 과목들을 잘 소화하게 하여 주옵소서. 배움의 길을 순탄하게 닦아 주시고, 그 길이 고생스럽고 힘든 길이 아니게 하여 주옵소서. 이 아이의 두뇌의 모든 것들이 정상적으로 잘 연결되게 하셔서, 생각이 맑게 하여 주시고, 조직을 잘 하며, 기억력이 좋고, 학습 능력이 높도록 하여 주옵소서.

하나님의 말씀에 따라 이 아이에게 말해주고 싶습니다.
"훈계에 착심하며 지식의 말씀에 귀를 기울이라"(잠 23:12).
"내 말하는 것을 생각하라 주께서 범사에 네게 총명을 주시리라"(딤후 2:7).
하나님, 이 아이가 하나님과 그 말씀에 대하여 알아가는 기쁨을 많이 경험할 수 있게 하여 주옵소서. 예수님의 이름으로 기도합니다. 아멘.

싸움에서 이기는 나의 무기

"네 모든 자녀는 여호와의 교훈을 받을 것이니 네 자녀는 크게 평강할 것이며"(사 54:13).

"지혜 있는 자는 듣고 학식이 더할 것이요 명철한 자는 모략을 얻을 것이라"(잠 1:5).

"내 백성이 지식이 없으므로 망하는도다 네가 지식을 버렸으니 나도 너를 버려 내 제사장이 되지 못하게 할 것이요 네가 네 하나님의 율법을 잊었으니 나도 네 자녀들을 잊어버리리라"(호 4:6).

"훈계를 굳게 잡아 놓치지 말고 지키라 이것이 네 생명이니라"(잠 4:13).

"내 아들아 네가 만일 나의 말을 받으며 나의 계명을 네게 간직하며 네 귀를 지혜에 기울이며 네 마음을 명철에 두며 지식을 불러 구하며 명철을 얻으려고 소리를 높이며 은을 구하는 것같이 그것을 구하며 감추인 보배를 찾는 것같이 그것을 찾으면 여호와 경외하기를 깨달으며 하나님을 알게 되리니"(잠 2:1~5).

제 15 일

하나님께서 주신 재능과 은사를 알고 있는 자녀

우리집 아이들이 태어났을 때부터 나는 하나님께 기도하기를, 하나님께서 그 아이들 속에 심어주신 소질과 재능과 능력들을 우리에게 밝히 깨우쳐 주시고, 하나님의 영광을 위하여 우리가 그것들을 어떻게 물을 주고 가꾸어야 할지 알려 달라고 기도하였습니다. 아주 어린 나이에 두 아이가 다 음악적인 소질이 있는 기미가 보였습니다. 그래서 나는 이것을 어떻게 해야 하는지 하나님께 물었고, 그분의 대답을 기다리며 지냈습니다.

크리스토퍼가 네 살(우리 나이로는 여섯 살)이 되었을 때, 크리스토퍼에게 피아노 레슨을 시키라는 인도하심을 받았습니다. 그 아이는 놀라운 능력을 보였는데, 두 해 정도가 지나자 연습하기를 싫어했습니다. 이 시점에서 이 아이를 그만두게 내버려 두면, 나는 하나님께서 우리 아들에게 주신 재능에 대한 좋은 청지기가 못 된다는 분명한 지시를 하나님께서 내게 주셨습니다. 그래서 이 여섯 살짜리 아들을 위해서 나는 적절한 동기를 고안해 냈습니다. 아이가 연습을 할 때마다 25센트를 주기로 하였습니다. 이 생각은 성령의 감동하심을 받은 것임에 틀림없었습니다. 왜냐하면 크리스토퍼가 열두 살이 될 때까지 연습하기 싫다고 투정부리는 것을 한 번도 들어본 적이 없었으니까요. 열두 살 때쯤 해서 이 아이의 피아노 공부를 그만하게 하고, 아이가 원하는 드럼 레슨을 받게 하였습니다. 그런데, 아이에게 드럼 연습 좀 하라고 말할 필요가 전혀 없었습니다. 사실은 그 반대였으니까요!

지금 크리스토퍼는 전자 키보드와 드럼, 베이스 기타를 연주하고, 자기 음악 모두를 스스로 작곡하며, 피아노 편곡도 합니다. 그 아이의 음악 선생님이 말하기를, 크리스토퍼는 피아노 지식이 있어서 음악의 근본이 되는 것을 잘 이해하고 있기 때문에 그렇게 잘 하는 것이라고 합니다. 수년 전에 하나님께서 인도하셨음을 잘 증명해 주는 말입니다.

동일한 그 성령님이 우리 딸아이의 성악(聲樂) 소질을 인도하고 계심을 나는 감지하였습니다. 마귀는 우리 아이들의 재능을 자기의 영광을 위하여 이용하고 싶어하기 때문에, 아니면 적어도 아이들이 하나님의 영광을 위하여 자기 소질을 쓰지 못하게 하려고 하기 때문에 우리는 기도를 해야 합니다. 하나님께로부터 받은 아이들의 재능과 소질을 개발하기 위해서 하는 기도는 우리 부모들이 언제까지고 계속해야 할 의무입니다.

우리집 두 아이들 삶에(열두 살에서 열네 살 사이에) 세상 음악에 끌려서 어떤 인기 가수들의 혐오스러운 외모와 행동에 홀딱 반했던 때가 있었습니다. 우리의 싸움은 사단과의 싸움이지 아이들과의 싸움이 아니라는 것을 남편과 나는 알고 있었습니다. 또한 우리는 이 문제와 정면으로 부닥치지 않으면 안 된다는 것도 알고 있었으며, 어떤 음악은 들을 수 있고 어떤 음악을 들어서는 안 되는지 규칙도 정해 놓아야 할 필요가 있다는 것도 알고 있었습니다 [그렇다고 해서 우리 아이들이 세상 음악과 담을 쌓고 지내야 한다는 뜻은 아닙니다. 아이들이 무엇을 하건 다 하나님의 영광을 위해서 해야 한다는 뜻입니다(고전 10:31). 그것을 위해 하나님은 그 아이들을 부르셨기 때문입니다].

아이들이 세상 것에서 눈을 돌려 하나님이 하라고 그 아이들을 부르신 그것에 초점을 맞추기를 우리는 기도하였습니다. 아이들이 들어가야 할 문은 하나님께서 열어 주시고, 들어가서는 안 되는 문은 전부 닫아 주시기를 우리는 기도하였습니다. 하나님께서 이 기도에 응답하시는 것을 우리는 여러 번 보았습니다. 예를 들자면, 크리스토퍼가 한 팀이 되어서 함께 연주 여행을 가자는 제의를 여러 음악 그룹으로부터 여러 차례 받았지만, 그 때는 상황이나 시기로 보았을 때 그 어느 팀에 대해서도 우리 마음이 열리지 않았습니다. 그런데 이 아이가 열여덟 살이 되었을 때, 스패로우 레코드의 경배와 찬양 앨범에 키보드와 베이스 기타, 드럼을 연주하고 곡을 쓰며, 편곡, 제작을 할 기회를 제의받았을 경우엔 우리의 마음도 평안했습니다. 이것은 하나님께로부터 온 것이 분명하며 그의 재능이 하나님의 영광을 위하여 쓰여지기를 기도한 우리 기도에 대한 응답이라는 것을 우리는 알았습니다.

물론 이것으로 우리의 기도가 끝난 것은 아닙니다. 음악 사업이 어떤 것이라는 것과 심지어 크리스챤 음악가들이라도 연주 여행을 하면서 많은 유혹을 받을 수 있다는 것을 남편과 나는 잘 알고 있었기 때문에, 크리스토퍼가 자기의 재능과 인생을 하나님의 영광을 위하여 쓸 수 있는 믿음을 달라고 우리는 계속 기도하였습니다.

하나님께서 당신의 자녀 속에 어떤 재능과 소질을 심어 놓으셨습니까? 누구라도 소질과 재능이 없는 사람은 없습니다. 당신이 그것을 알아보든 알아보지 못하든 그것은 사실입니다. 고린도전서 7장 7절은 이렇게 말씀합니다.
"각각 하나님께 받은 자기의 은사가 있으니 하나는 이러하고 하나는 저러하니라."
어떤 경우는 그것을 발굴해 내기 위하여 기도가 필요한 경우도 있습니다.

당신의 아이에게 위대한 잠재력이 있음을 하나님이 언뜻 보여 주셨을 때는, 그 방면의 재능이 잘 개발되도록 사랑으로 도우십시오. 잠언 22장 29절에서 "네가 자기 사업에 근실한 사람을 보았느냐 이러한 사람은 왕 앞에 설 것이요 천한 자 앞에 서지 아니하리라"고 하였습니다. 하나님께서 자신에게 주신 소질과 재능을 이 아이가 잘 발전시켜서 특출한 사람이 되도록 기도하시고, 이 세상에서 이 아이만이 가지는 독특한 목적과 의미가 있음을 아이에게 알려 주십시오.

아이마다 다 특별한 재능과 소질이 있습니다. 우리는 아이들이 어떤 것에 소질을 가지고 있는지 알아야 하고, 그것을 밖으로 드러내게 해서 개발시켜 주어야 하며, 잘 가꾸어서 하나님의 영광을 위하여 사용하여야 합니다.

기도

주님, 주님께서 우리 ○○(아이의 이름)에게 주신 소질과 재능을 인하여 주님께 감사합니다. 주님께서 이 아이 속에 있는 것을 발전시켜서 하나님의 영광을 위하여 사용하여 주시기를 기도합니다. 저와 제 아이에게 이것들을 밝히 보여 주시고, 특히 제가 이 아이를 위하여 제공해 주어야 하는 특별한 훈련이나 배움의 기회가 있는지 알려 주시옵소서. 이 아이의 소질과 재능이 하나님의 방법으로 또 하나님이 정하신 때에 개발되기를 기도합니다.

하나님의 말씀은 "우리에게 주신 은혜대로 받은 은사가 각각 다르니"(롬 12:6) 그 은사들을 사용하라고 했습니다. 하나님께서 주신 소질과 재능을 이 아이가 알아차린 이상, 나는 이것을 발휘할 만한 사람이 못 된다고 생각하거나, 두려워하거나, 확신이 서지 않거나 하는 등, 이러한 감정들이 하나님의 뜻에 따라 은사를 발휘하지 못하게 막는 일이 없게 하여 주옵소서. 이 아이의 인생에 대한 하나님의 부르심의 소리를 듣게 하사, 하나님이 부르신 나의 소명이 무엇인가 찾느라고 평생을 허비하는 일이 없게 하여 주옵소서. 또는 그 부르심에 완전히 빗나간 인생을 살지 않도록 인도하여 주옵소서. 이 아이의 재능이 허비되거나, 2류가 되거나, 하나님이 아닌 다른 것을 영화롭게 하는 것이 되지 않게 하여 주옵소서.

이 아이의 평생에 하여야 할 일이 무엇인지 이 아이에게 밝히 보여 주시고, 그 분야에서 뛰어나게 도와주시옵소서. 이 아이가 손으로 하는 일에 복을 주시고, 자기가 좋아하는 일 그리고 자기가 가장 잘 할 수 있는 일을 하여서 자기 생활비를 넉넉히 벌 수 있게 하여 주옵소서.

잠언 18장 16절은 이렇게 말씀합니다.
"선물은 그 사람의 길을 너그럽게 하며 또 존귀한 자의 앞으로 그를 인도하느니라."
이 아이로 하여금 다른 사람들의 사랑을 입게 하옵시고, 받아들여지게 하옵시며, 존중히 여김을 받게 하여 주옵소서. 그러나 무엇보다도 더욱 원하옵는 것은, 하나님께서 이 아이에게 심어주신 소질과 재능이 하나님을 영화롭게 하는 데서 최대한으로 발휘되게 하여 주옵소서. 예수님의 이름으로 기도합니다.

싸움에서 이기는 나의 무기

"하나님의 은사와 부르심에는 후회하심이 없느니라"(롬 11:29).

"우리 각 사람에게 그리스도의 선물의 분량대로 은혜를 주셨나니"(엡 4:7).

"각각 은사를 받은 대로 하나님의 각양 은혜를 맡은 선한 청지기같이 서로 봉사하라"(벧전 4:10).

"각양 좋은 은사와 온전한 선물이 다 위로부터 빛들의 아버지께로 내려오나니 그는 변함도 없으시고 회전하는 그림자도 없으시니라"(약 1:17).

"그리스도 예수 안에서 너희에게 주신 하나님의 은혜를 인하여 내가 너희를 위하여 항상 하나님께 감사하노니 이는 너희가 그의 안에서 모든 일 곧 모든 구변과 모든 지식에 풍족하므로 그리스도의 증거가 너희 중에 견고케 되어 너희가 모든 은사에 부족함이 없이 우리 주 예수 그리스도의 나타나심을 기다림이라"(고전 1:4~7).

제 16 일

생명의 말씨를 쓰는 자녀

어느 날 오후 학교에서 돌아온 아들이 하나님의 이름이 들어간 욕을 쓰는 것이 내 귀에 들려 왔습니다.
"그런 말을 써서는 안 되는 거야."
나는 아들에게 주의를 주었습니다.
"그런 말 써서는 안 되는 줄 알면서 왜 그런 말을 쓰니?"
『친구들도 다 그런 식으로 말해요.』
아들의 해명이었습니다. "다른 사람들이 그런 말을 쓰니까 너도 그런 말을 써도 괜찮다 그 말이지?" 하고 되묻고는 내가 주님을 만나 성령으로 깨끗해지기 전에 써 본 적이 있던 쌍욕을 했습니다.

충격과 겁에 질린 표정으로 아들이 소리를 쳤습니다.
『엄마! 어쩌자구 그런 말을 써요?』

"다른 사람들도 그렇게 말해" 하고 내가 대답했습니다.
"엄마가 그렇게 말하니까 네 기분이 어떻든?"
『기분이 몹시 상하는데요.』
"있잖니. 난 언제든지 내가 하고 싶으면 그런 말을 쓸 수 있어. 그렇지만 엄마는 그런 말을 안 쓰는 쪽을 택했지. 내가 그런 말을 쓰면 너는 기분이 몹시 나쁠 거야. 왜 그런지 아니? 그런 나쁜 말이 네 영혼에 상처를 주기 때문이야. 반대로 네가 그런 말을 하면 엄마의 영혼이 상처를 받는단다. 하나님의 영은 어떨지 한번 생각해 봐. 네가 쓰는 말로 하나님의 영을 슬프게 할 것인지 아니면 영화롭게 할 것인지 선택은 네게 달렸어. 그러나 한 길은 축복의 길이고 또 한 길은 상처를 주는 길이야."

크리스토퍼가 십대가 될 때까지는 그 아이가 또 그런 말을 쓰는 것을 들어보지 못했습니다. 그러나 십대가 되자 우리는 이런 대화를 또 한 차례 반복해야 했습니다. 크리스토퍼가 그 말을 잘 기억하고 있기를 오늘 이 시간까지 나는 기도하고 있습니다.

내 교육 방법이 다른 사람에게는 충격적으로 보일 것이라는 걸 난 알고 있습니다. 그것은 내게도 충격을 주었습니다. 그래서 나는 하나님께 기도하여, 그런 말을 썼을 때 내가 느꼈던 그 오염을 깨끗이 씻어달라고 하였습니다. 하지만 그런 말이 내 진심에서 나온 것은 아니었습니다. 그런 말이 우리 자신을 얼마나 파괴시키는지를 보여 주는 한 수단으로서 썼을 따름이었습니다. 내 교육 방법을 당신에게 권하지는 않겠습니다. 그러나 우리가 쓰는 말씨가 어떤 영향력을 끼치는지 그 좋은 예로서 내 경험을 참조하기를 바랍니다.

우리가 하는 말로 우리는 우리 세계를 만들어갑니다. 말에는 힘이 있습니다. 그래서 우리는 어떤 상황에 말로 생명을 불어넣을 수도 있고, 사망을 불어 넣을 수도 있습니다. 우리가 하는 말로 우리가 곤란한 지경을 당할 수도 있고, 또 곤란한 지경에서 벗어날 수도 있다고 성경은 말씀합니다. 심지어 말로 우리의 생명을 구할 수도 있습니다. "입을 지키는 자는 그 생명을 보전하나 입술을 크게 벌리는 자에게는 멸망이 오느니라"(잠 13:3).
하나님께서 우리 아이의 입에 파수꾼을 세워 주실 뿐만 아니라 우리 자신의 입에도 파수꾼을 세워 주시도록 기도할 필요가 있습니다.

"나는 형편없는 사람이야", "죽었으면 좋겠다", "사는 게 끔찍해", "사람들은 다 무서워", "나는 아무리 해도 특별난 사람은 될 수 없어" 등 경건치 못한 말이나 주님으로 말미암지 않은 말은 그 사람의 영적 상태가 성령 충만하지 않음을 나타냅니다. 그것은 어두움에 속한 것입니다. 만일 아이가 자기 말을 스스로 감시하게끔 도와주지 않으면, 이러한 어두움이 당신 아이의 삶의 무대에서 판을 치게 됩니다.

장차 주님 나라에 가면 이 세상에서 우리가 함부로 한 말에 대해 책임을 지지 않으면 안 될 때가 올 것이라고 성경은 말씀합니다. 물론 이 땅에서도 그 값을 치르게 됩니다. 그 값은 피눈물을 쏟는 것일 것입니다. 우리는 사랑과 기쁨과 평화의 말을 세상에 전해 줄 수도 있고, 투쟁과 중

오와 기만 등 모든 악한 것들을 전해 줄 수도 있습니다.

부모들은 아이들이 생명을 말하기를 바랍니다. 그렇다고 해서 자기 감정을 솔직하게 표현해서는 안 된다는 뜻이 아닙니다. 그러나 그런 말들은 파괴의 수단이 아니라 고침을 받기 위해 하나님께 자기 죄를 고백하거나, 자기를 이해시키며, 하나님께 순복하려는 목적으로 써야 합니다.

아이들의 말이 자기 자신이나 다른 사람들, 또 아이들이 처한 상황이나 자기 주변의 세계를 부정적으로 반영할 때, 우리는 마땅히 아이들을 격려하여 하나님 말씀 속에서 좀 더 긍정적인 말들을 찾아보도록 해야 합니다. 말을 잘 할 수 있는 최선의 길은 마음을 좋게 가지는 것입니다. 마태복음 12장 34절에 "이는 마음에 가득한 것을 입으로 말함이라"고 했습니다. 성령과 하나님의 진리의 말씀으로 충만한 마음은 듣는 사람이나 말하는 사람 모두에게 생명을 가져다 주는 경건한 말을 쏟아낼 것입니다. 이것이야말로 우리 기도의 출발점이라고 할 수 있겠습니다.

기도

주님, 우리 ○○(아이의 이름)가 하나님을 영화롭게 하는 말만을 해야겠다고 결심하게 하옵소서. 이 아이의 마음을 성령과 진리로 충만하게 하셔서 이 아이의 입에서 사망이 아닌 생명의 말이 흘러넘치게 하여 주옵소서. 이 아이의 입에 파수꾼을 세워 두사 하나님을 모독하는 말을 하거나,

부정적이고 잔인한 말, 남에게 상처를 주는 말, 살피지 못하고 아무렇게나 하는 말, 사랑이 없는 말, 동정심이 없는 말 등을 쓰고 싶은 유혹이 이 아이의 마음에 들어갔을 때는 마음이 편안하지 않게 만들어 주옵소서. 음탕한 말이나 천한 말은 이 아이에게 전혀 생소한 말이 되게 하여 주셔서 만일 이와 같은 말들이 이 아이의 입속으로 찾아들어 왔을 때에는, 마치 자갈을 씹은 것 같게 하사 그것을 토해 내게 하옵소서. 이 아이를 도우사 자기가 하는 말을 듣게 하셔서 생각없이 함부로 말을 내뱉는 일이 없도록 하여 주시옵소서.

이 아이가 자기 말의 올무에 걸리지 않게 지켜 주옵소서. "입과 혀를 지키는 자는 그 영혼을 환난에서 보전하느니라"(잠 21:23)고 하나님은 말씀하셨습니다. 이 아이를 도우사 자기 입에 파수꾼을 세우게 하셔서 어려운 일을 당하지 않게 하여 주옵소서. "죽고 사는 것이 혀의 권세에 달렸나니 혀를 쓰기 좋아하는 자는 그 열매를 먹으리라"(잠 18:21)고 주님은 말씀하셨습니다. 이 아이가 생명의 말을 할지언정 사망의 말을 쓰지 않게 하여 주옵소서. 듣는 데는 빠르고 말하는 것은 더디 하게 하사, 이 아이의 말이 항상 은혜로 양념을 친 것 같게 하옵소서. 어떤 상황에서, 어떤 사람에게 어떻게, 무엇을, 언제 말해야 하는지를 깨닫게 하여 주옵소서. 이 아이가 소망과 격려의 말, 건강한 말과 생명의 말을 할 줄 알게 하옵시고, 입술의 죄를 짓지 않겠다고 결심하게 도와주시옵소서. 예수님의 이름으로 기도합니다. 아멘.

싸움에서 이기는 나의 무기

"나의 반석이시요 나의 구속자이신 여호와여 내 입의 말과 마음의 묵상이 주의 앞에 열납되기를 원하나이다"(시 19:14).

"선한 사람은 그 쌓은 선에서 선한 것을 내고 악한 사람은 그 쌓은 악에서 악한 것을 내느니라"(마 12:35).

"내가 너희에게 이르노니 사람이 무슨 무익한 말을 하든지 심판 날에 이에 대하여 심문을 받으리니 네 말로 의롭다 함을 받고 네 말로 정죄함을 받으리라"(마 12:36,37).

"선한 말은 꿀송이 같아서 마음에 달고 뼈에 양약이 되느니라"(잠 16:24).

"혹은 칼로 찌름같이 함부로 말하거니와 지혜로운 자의 혀는 양약 같으니라"(잠 12:18).

제 17 일

거룩함과 정결함에 끌리는 자녀

거룩하고 정결하게 살아야 한다고 가르침을 받은 자녀들은 다른 사람들과는 구별되게 얼굴에서 빛이 나며 묘한 매력을 지닙니다.

"비록 아이라도 그 동작으로 자기의 품행의 청결(정결)하며 정직한 여부를 나타내느니라"(잠 20:11).

우리 아이들이 착한 애로 알려지기를 부모는 원합니다. 아이들이 정결함으로 다른 사람들에게 매력적으로 보이기를 우리는 원합니다. 이것은 우연히 생기지 않습니다. 그것을 배워야 합니다. 그리고 주님의 법도대로 정결하게 살아야 된다고 아이들에게 가르치며 또 우리가 할 수 있는 최대한 그 본을 보이려고 여러 가지 수고를 한다고 하더라도, 진짜 선생님은 성령님이십니다. 정결함은 하나님을 사랑하는 것으로부터 시작됩니다. "네 자신을 지켜 청결케 하라"고

디모데전서 5장 22절은 말씀합니다. 이것은 쉬운 일이 아닙니다. 특히 아이들은 더욱 어렵습니다. 그것은 오직 하나님께 전적으로 순종하고, 하나님의 법과 능하게 하시는 성령님의 능력을 전적으로 의지할 때에 가능합니다.

우리 아들이 고등학교 졸업반에 들어섰을 때 그 아이는 새 학교, 다른 고장, 다른 문화 속에 들어가게 되었는데, 이러한 상황은 아무리 바탕이 든든하고 경건의 훈련이 잘 되어 있는 청소년이라도 어려운 경우였습니다. 그 아이가 다니는 학교는 작은 미션 스쿨이었는데, 하도 작아서 전학 간 지 일주일도 안 되어서 크리스토퍼는 고3(高三) 남학생들은 다 만나게 되었습니다. 그 중에 눈에 띄는 한 학생이 있었습니다. 그 애의 이름은 샌디였는데 스포츠 스타인데다 공부도 아주 잘 해서, 우수한 성과를 올린 학생에게 주는 상이란 상은 다 받았습니다. 그런데 샌디에게는 또 한 가지 뛰어난 것이 있었는데, 사실은 이것이 더 중요한 것입니다. 샌디의 말과 행동이, 그 아이가 하나님과 그분의 법도를 깊이 공경하고 있음을 반영하고 있다는 점입니다.

어느 날 점심시간 아이들이 다 모인 자리에서, 아이들 중 한 명이 야한 농담을 하여 모두가 와 웃었습니다. 샌디만 빼고 말입니다. 우리 아들은 자기도 웃었다고 시인하였습니다.
"나는 새로 전학 온 아이였는데다 내가 다른 혹성에서 온 사람쯤으로 다른 애들이 생각하는 게 싫었어요."
나중에 이 이야기를 하면서 크리스토퍼는 겸연쩍은 듯 이렇게 해명을 하였습니다.

크리스토퍼가 얼마 안 가 깨달은 사실은, 샌디는 외설스러운 농담에 절대로 웃지 않는다는 사실이었습니다. 샌디는 담배도 안 피웠고 술도 마시지 않았으며 나쁜 말도 쓰지 않았습니다. 그런데 놀라웁게도 모든 아이들이 그 아이를 좋아하고 존경하였습니다.

어느 날 학교에서 부모들의 모임이 끝난 직후, 나는 집으로 곧장 돌아와 크리스토퍼에게 그 모임에서 만났던 한 훌륭한 부인 이야기를 해 주었습니다.
"그 부인은 한눈에 띄더라. 그 사람은 아주 따뜻한 정감이 있는데다 사랑이 넘치고 있었어. 놀라운 유머 감각을 지닌 경건한 부인이라고나 할까. 그리고 오래 전부터 알았던 사람처럼 나를 아주 반겨주었단다."
그 부인이 어땠는지를 이야기하다가 그 부인의 이름을 말하자, 『샌디 어머니예요』하고 크리스토퍼가 말했습니다.
"그렇구나. 강하면서도 비범한, 기도하는 신실한 부모님을 샌디가 모시고 있다는 것을 내가 진작 눈치 챘어야 하는 건데. 우연히 그런 아이로 되는 법은 없지."

크리스토퍼의 고3 시절 내내 우리는 샌디의 전가족을 관찰해 보았는데, 하나같이 예외적인 사람들이었습니다. 거기다가 사람들이 훌륭하다고 해서 재미가 없으란 법은 없다는 사실도 알아냈습니다. 왜 그럴까요? 그 이유는, 그 사람들이 살아가는 방식은, 완전해지려고 하거나 다른 사람에게 좋은 인상을 주려고 하는 어떤 율법적인 시도에서 나온 것이 아니기 때문이었습니다. 그것은 하나님을 깊이 경외하는 마음과 하나님의 길을 살아가려고 하는 마음에서 비롯된 것이었기 때문입니다. 그것은 다름아닌 거룩함과 정결함에서 나온 것이었습니다.

아들이 이제는 그 학교에 다니고 있지 않는데다 우리 삶의 방향이 전혀 달라졌기 때문에 우리는 더 이상 샌디나 그 아이의 가족을 볼 기회가 없습니다. 그렇지만 우리는 그 사람들을 영원히 잊지 못할 것입니다. 그 사람들은 우리들의 기준을 높여놓았으며, 우리에게 높은 목표를 주었고, 거룩함이 얼마나 매력적인 것인지를 눈으로 보게 해 주었습니다.

우리 자녀들이 마치 자석처럼 성결과 정결에 끌리도록 기도합시다. 그래서 성결하거나 정결하지 못한 것이 우리 아이들을 미혹할 때, 아이들이 재빨리 알아차려서 그것을 철저하게 거부하지 않고서는 불편해서 견디지 못하게 합시다. "하나님이 우리를 부르심은 부정케 하심이 아니요 거룩케 하심이라"(살전 4:7)고 성경은 말씀합니다. 하나님의 법 테두리 안에서 정결하게 살아가는 사람에게선 총체적인 온전함을 발견할 수 있습니다. 그 온전함이 곧 성결입니다. 성결하려고 하는 마음이 있고, 그것을 성취하게 하시는 하나님의 능력을 바라보는 사람은 축복을 받을 수밖에 없고 그 거룩한 목표를 성취할 수밖에 없습니다.

샌디는 "누구든지 네 연소함을 업신여기지 못하게 하고 오직 말과 행실과 사랑과 믿음과 정절에 대하여 믿는 자에게 본이 되라"(딤전 4:12)는 성경 말씀을 본보기로 보여준 아이였습니다. 성결과 정결 속에 살아가는 자녀들처럼 더 강력한 힘을 가진 사람도 없습니다. 우리 아이들도 그런 사람들이 되도록 아이들을 위해 기도합시다.

기도

주님, 우리 ○○(아이의 이름)가 어떤 것이나 어떤 사람을 사랑하는 것보다도 하나님을 더욱 사랑하게 하여 주옵소서. 이 아이가 하나님의 법을 존중하고 경외하게 도와주시고, 그 법이 자신의 유익을 위하여 있는 것임을 알게 도와주시옵소서. 하나님의 법을 순종하지 않을 때 인생이 평탄치 않음을 이 아이가 분명히 알도록 도와주시옵소서. 하나님의 말씀을 이 아이의 마음에 숨겨 주셔서 죄에 끌리지 않도록 하여 주시옵소서. 악과 부정과 거룩하지 못한 생각과 말과 행동으로부터 도망치게 하여 주시고, 무엇이든지 정결하고 거룩한 것을 향하여 끌리도록 하여 주시옵소서. 이 아이 속에 그리스도께서 좌정해 계셔서, 옳은 것을 능히 하게 하시는 성령의 능력을 바라보게 하여 주시옵소서.

주님은 이렇게 말씀하셨습니다.
"마음이 청결한 자는 복이 있나니 저희가 하나님을 볼 것임이요"(마 5:8).
청결한 마음으로부터 나오는 성결하고자 하는 갈망이 이 아이가 하는 모든 일에 반영되게 하여 주시옵소서. 그것이 또한 이 아이의 외모에도 나타나게 하여 주시옵소서. 그리하여 이 아이가 입는 옷이나 이 아이의 머리 모양이나 몸과 얼굴 치장을 통해서도 하나님을 영화롭게 하고자 하는 열망과 하나님을 경외하는 마음이 반사되게 하여 주시옵소서.

이 아이가 성결의 길에서 벗어났을 때 회개하도록 인도하여 주옵시고, 하나님의 정결케 하는 능력이 이 아이의 마음과 삶에 역사하여 주시길 기도합니다. 정결하게 살면 온전함과 축복이 찾아오며, 그렇게 삶으로써 얻는 가장 큰 보상은 바로 하나님을 뵈옵는 것임을 깨닫도록 도와주시옵소서. 예수님의 이름으로 기도합니다. 아멘.

싸움에서 이기는 나의 무기

"여호와의 산에 오를 자 누구며 그 거룩한 곳에 설 자가 누군고 곧 손이 깨끗하며 마음이 청결하며 뜻을 허탄한 데 두지 아니하며 거짓 맹세치 아니하는 자로다 저는 여호와께 복을 받고 구원의 하나님께 의를 얻으리니"(시 24:3~5).

"큰 집에는 금과 은의 그릇이 있을 뿐 아니요 나무와 질그릇도 있어 귀히 쓰는 것도 있고 천히 쓰는 것도 있나니 그러므로 누구든지 이런 것에서 자기를 깨끗하게 하면 귀히 쓰는 그릇이 되어 거룩하고 주인의 쓰심에 합당하며 모든 선한 일에 예비함이 되리라"(딤후 2:20,21).

"무릇 내게 있어 과실을 맺지 아니하는 가지는 아버지께서 이를 제해 버리시고 무릇 과실을 맺는 가지는 더 과실을 맺게 하려 하여 이를 깨끗케 하시느니라"(요 15:2).

"거기 대로가 있어 그 길을 거룩한 길이라 일컫는 바 되리니 깨끗지 못한 자는 지나지 못하겠고 오직 구속함을 입은 자들을 위하여 있게 된 것이라 우매한 행인은 그 길을 범치 못할 것이며 거기는 사자가 없고 사나운 짐승이 그리로 올라가지 아니하므로 그것을 만나지 못하겠고 오직 구속함을 얻은 자만 그리로 행할 것이며 여호와의 속량함을 얻은 자들이 돌아오되 노래하며 시온에 이르러 그 머리 위에 영영한 희락을 띠고 기쁨과 즐거움을 얻으리니 슬픔과 탄식이 달아나리로다"(사 35:8~10).

"스스로 깨끗한 자로 여기면서 오히려 그 더러운 것을 씻지 아니하는 무리가 있느니라"(잠 30:12).

제 18 일

영적인 "방 청소"가 필요한 자녀

우리 아들이 열한 살쯤 되었을 무렵, 특별한 이유도 없이 밤마다 악몽을 꾸기 시작했습니다. 영화나 텔레비전에서 무서운 장면을 본 적도 없었으며, 그렇다고 크리스토퍼에게 무슨 특별한 일이 있었던 것 같지도 않았습니다. 우리는 그 아이와 함께 여러 차례 기도하였지만, 밤마다 일어나는 악몽은 여전했습니다.

어느 날 아침, 나 혼자 기도하고 있을 때, 이 아이에게 악몽을 꾸게 하는 원인이 무엇인지 알려 달라고 하나님께 간구하였습니다. 그 기도를 드리고 나자 그 아이 방에 가 보아겠다는 강한 충동이 일었습니다.

"하나님, 크리스토퍼의 방에 있어서는 안 될 것이 있다면 저에게 보여 주시옵소서" 하고 나는 기도하였습니다.

방에 들어서자마자 나는 크리스토퍼의 컴퓨터로 가보라는 지시를 받은 것처럼 느껴졌으며, 그래서 이 아이의 게임을 보게 되었습니다. 내가 집어든 첫번째 게임은 크리스토퍼가 교회 친구에게서 빌린 것이었습니다. 그 상자 겉모양은 전혀 나쁜 것 같지 않았습니다. 그것은 단지 한 소년의 액션 모험 게임이었습니다. 나는 그 상자를 열어서 작은 설명 책자를 꺼냈습니다. 처음 몇 페이지는 별로 이상하다 싶은 것이 없었습니다. 그러나 뒷장으로 갈수록 사악하기 짝이 없는 문구들이 줄줄이 적혀 있는 것이 눈에 띄었습니다. 나는 충격을 받았습니다. 하지만, "주님, 감사합니다" 하고 즉시 그 게임을 그 아이의 방에서 가지고 나왔습니다.

만일 그 게임이 우리 아들의 것이었다면 나는 즉시 그것을 깨뜨려 버렸을 것입니다. 그러나 그것이 다른 사람의 것이었으므로, 나는 그 아이의 부모님께 전화를 해서 내가 본 것을 말해 주었습니다. 그 사람들도 우리가 그랬던 것처럼 깜짝 놀랐으며 그것을 전혀 모르고 있었습니다. 크리스토퍼가 학교에서 집에 돌아왔을 때 나는 내가 발견한 것을 보여 주었습니다. 게임의 뒷부분까지는 아직 안 해 보았고, 그 게임 속에 무엇이 들어있는지 몰랐노라고 크리스토퍼는 말했습니다. 그 애는 얼른 그것을 돌려주었습니다.

남편이 집에 돌아오자 우리는 아들의 방을 기름으로 바르고 그 방을 돌아다니며 철저히 기도하였습니다. 성경에 "기름진 까닭에 멍에가 부러지리라"(사 10:27)고 말씀하신 것을 우리는 알고 있었습니다. 비록 성경에 있는 대부분의 예(例)는 사람에게 기름을 바른 경우이기는 하지만 건물이나 방을 기름발라 거룩하게 한 경우들도 있습니다.
"또 관유(灌油)를 취하여 성막과 그 안에 있는 모든 것에 발라 그것과 그 모든 기구를 거룩하게 하라 그것이 거룩하리라"(출 40:9).
사단의 멍에를 부숴뜨리고 우리 아들의 방에서 거룩하지 않은 모든 것을 깨끗이 정화하기를 원했기 때문에 우리는 문지방에 기름을 바르고, 아이의 방에 성령님이 오셔서 거하시고 하나님의 것이 아닌 것은 다 쫓아내 주시도록 기도하였습니다.

우리가 일을 잘 처리하였다는 증거는 곧 크리스토퍼의 악몽이 즉시 멈추었다는 것입니다(시작할 때도 그랬듯이 갑자기 멈춘 것입니다).

누구의 집이든 때때로 영적인 집안 청소가 필요합니다. 특히 아이들이 잠자기도 하고 놀기도 하는 아이들 방은 더욱 그렇습니다. 만일 우리가 가증스러운 것을 우리 집안에 들여놓으면 파멸도 함께 들어온다고 성경은 말씀합니다. 거룩한 집안 청소는 원칙상 정기적으로 해야 하지만, 아이들 문제로 속을 썩이고 있을 때는 꼭 해야 합니다. 아들이나 딸이 무엇인가를 무서워하거나 반항하고 화를 잘 내며 풀이 죽어 있을 때, 태도가 냉랭하다거나 어딘가 좀 이상하게 느껴질 때, 버릇을 고쳐놓아야 할 문제가 있을 때, 또는 흉몽이나 악몽을 꿀 때, 때로는 방을 돌아다니며 기도하는 것만으로도 상황을 재빨리 변화시킬 수가 있습니다. 그 방에서 찬송가를 부르는 것도 매우 효과가 있습니다. 그래서 그렇게 찬송가를 부른 후, 아이 속에 있는 영(靈)에 변화가 온 것을 본 적이 있습니다.

내가 알고 있는 한 어머니와 아버지는 열여섯 살 난 자기 아들이 술과 마약을 하며, 부모에게 반항하고, 신비 종교에 빠져 있을 동안 아들을 대신하여 사단과 힘든 싸움을 벌이고 있었습니다. 그러던 어느 날 아이가 학교에 간 사이 아이 방에다 하나님 말씀 테잎과 찬송가 테잎을 틀어 놓음으로써 사단의 요새를 무너뜨렸습니다. 그 아이의 반항심도 결국 깨어져서 다시 평화롭고 경건한 아이가 되었습니다.

기도하면서 아이의 방을 돌아다닐 때 하나님께 영광이 되지 아니하는 것들이 있으면 다 치우십시오. 불건전한 포스터, 책, 잡지, 사진, 그림, 게임, 만화, 음주나 흡연을 권장한 말이나 그림이 있는 옷, 또는 하나님을 모독하는 말이 있는 티셔츠 등. 왜 이렇게 해야 하는지 하나님의 말씀으로 아이에게 잘 알아듣게 설명을 해주어야 하는 것은 물론입니다. 그리고 가능하다면, 아이가 자기 손으로 직접 이런 물건들을 치우도록 권해야 합니다. 아이 자신의 평화와 축복을 위하여 하나님께 속하지 아니하는 물건들은 모두 말끔히 치워야 한다는 사실을 아이에게 설명해 주십시오. 그리고 나서 그 방에 대해 낱낱이 기도하십시오. 그렇게 함으로써 일어난 기적 같은 변화들을 나는 많이 목격해 왔습니다.

이것은 쓸데없는 미신 의식이 아닙니다. 이것은 당신의 집, 당신의 아이, 그리고 당신 삶의 구석구석이 다 하나님의 것임을 강력하게 주장하는 행위입니다. 그것은 담대히 "오직 나와 내 집은 여호와를 섬기겠노라"(수 24:15)고 선포하는 것입니다. 그것은 "우리집은 하나님의 영광을 위하여 거룩하고 구별된 집이다"라고 선언하는 것과 같습니다.

문제가 발생하기 전에 미리미리 아이 방을 돌아다니며 기도함으로써 영적인 집안 대청소를 시작해 봅시다.

기도

주님, 당신의 영인 성령께서 우리 ○○(아이의 이름) 방에 오셔서 거하기를 간구합니다. 주님은 하늘과 땅의 주님(주인)이십니다. 그래서 주님은 또한 이 방의 주님이시기도 하다는 것을 나는 선포합니다. 주님의 빛과 생명으로 이 방을 채워 주시옵소서. 이 방에 침투하려는 어두움의 세력을 다 몰아내 주시고, 두려움과 낙심의 영, 분노와 의심의 영, 불안과 반항의 영, 증오의 영(아이의 행동에 나타난 적이 있는 악한 모습은 다 아뢰십시오)은 이 방에서 발붙일 곳도 찾지 못하게 하여 주시옵소서. 하나님께서 보내신 것이 아닌 것은 아무것도 이 방에 들어오지 못하게 하여 주시옵소서. 이 방에 있어서는 안 될 것들이 있으면 저에게 보여 주시사 버리게 하옵소서.

주님께서 이 방을 완벽하게 보호해 주셔서, 악이 결단코 이 방에 들어오지 못하게 하여 주시옵소서. 이 방을 하나님의 사랑과 평화와 기쁨으로 가득 채워 주옵소서. 다윗이 "내가 완전한 길에 주의하오리니 주께서 언제나 내게 임하시겠나이까 내가 완전한 마음으로 내 집안에서 행하리이다 나는 비루한 것을 내 눈 앞에 두지 아니할 것이요 배도자들의 행위를 미워하니 이것이 내게 붙접지 아니하리이다"

(시 101:2,3)라고 한 것처럼 우리 아이도 그렇게 말하게 되기를 기도합니다. 하나님께서 이 방을 거룩한 곳으로 만들어 주시고 하나님의 영광을 위하여 깨끗하게 하여 주옵소서. 예수님의 이름으로 기도합니다. 아멘.

싸움에서 이기는 나의 무기

"너는 가증한 것을 네 집에 들이지 말라 너도 그와 같이 진멸당할 것이 될까 하노라 너는 그것을 극히 꺼리며 심히 미워하라 그것은 진멸당할 것임이니라"(신 7:26).

"너희는 스스로 씻으며 스스로 깨끗케 하여 내 목전에서 너희 악업을 버리며 악행을 그치고"(사 1:16).

"그런즉 사랑하는 자들아 이 약속을 가진 우리가 하나님을 두려워하는 가운데서 거룩함을 온전히 이루어 육과 영의 온갖 더러운 것에서 자신을 깨끗케 하자"(고후 7:1).

"하나님이여 주의 인자를 좇아 나를 긍휼히 여기시며 주의 많은 자비를 좇아 내 죄과를 도말하소서 나의 죄악을 말갛게 씻기시며 나의 죄를 깨끗이 제하소서"(시 51:1,2).

"악인의 집에는 여호와의 저주가 있거니와 의인의 집에는 복이 있느니라"(잠 3:33).

제 19 일

공포에서 해방된 자녀

공포(恐怖)는 어렸을 적 내 삶의 한 방식이었습니다. 정신 질환을 앓고 있는 어머니와 살았기 때문이었습니다. 어머니의 기괴한 행동, 정상을 벗어난 행동, 학대성 행동은 끊임없는 공포의 근원이었습니다. 어른이 되어 주님을 알게 되었을 때, 나는 공포의 진짜 근원이 무엇이며 그것과 어떻게 싸워야 하는지를 알게 되었습니다. 우리 아이들을 위해서도 나는 그 같은 전술을 도입하였습니다.

로스앤젤레스에서 우리는 지진과 화재, 홍수와 폭동 그리고 날뛰는 범죄 등을 겪으며 살았습니다. 우리가 만일 아무런 조치도 취하지 않았다면 우리는 공포 속에 떨며 살았을 것입니다. 사실, 두려움 없게 해달라고 기도하고 우리를 보호해 달라고 기도하는 것이 아주 일상적인 기도 제목이 될 정도였습니다. 아이들이 무서워하는 것을 볼 때마다 우리는 기도하고 성경을 읽으며 찬송을 불렀고 기독교 음악을 들려 주었습니다. 이제는 그 지역에서 이사해 나왔으므로 그런 종류의 두려움을 더 이상 매일 겪지 않아도 되지마는, 두려움을 쫓아내 주시는 하나님의 완전한 사랑에 대해 배운 그 교훈은 우리 각자의 가슴 속에 영원토록 새겨져 있습니다.

공포란, 우리가 걱정하는 모든 것에서 하나님이 우리를 안전하게 지키실 수 있다는 것을 믿지 못하는 그 순간에 우리에게 엄습해 오는 그 무엇입니다. 공포(다른 말로 하면, 진짜인 것처럼 보이는 거짓 증거)는 아이들에게 쉽게 찾아옵니다. 왜냐하면 아이들은 무엇이 실재이고 무엇이 거짓인지 항상 제대로 분간할 수 있는 것은 아니기 때문입니다. 우리 부모들이 아이들을 위안해 주고 안심시켜 주며 사랑해 줄 때 아이들에게 큰 도움이 됩니다. 그러나 기도하고 하나님의 말씀을 믿음으로 말해 주며, 하나님의 사랑과 능력을 찬양할 때, 그것들은 아이들을 자유하게 합니다.

예수께서 제자들과 갈릴리 바다에 계셨을 때 폭풍이 불어왔습니다. 제자들이 무서워하자 예수께서는 이렇게 말씀하셨습니다.
"어찌하여 무서워하느냐 믿음이 적은 자들아"(마 8:26).
제자들에게도 그러셨듯이, 예수께서 우리와 함께 배 안에 계신 이상 우리 배는 가라앉지 않을 것이라고 우리가 믿기를 예수님은 원하십니다.

그렇기는 하지만, 공포가 일시 지나가는 느낌 그 이상일 때가 있습니다. 어떤 때는 공포가 아이의 마음을 너무나 까닭없이 강하게 사로잡고 있어서, 무슨 말이나 행동으로도 그것을 몰아낼 재간이 없을 때가 있습니다. 그런 때는 아이가 공포의 영(靈)에 시달리고 있는 것입니다. 공포의 영은 하나님께로부터 온 것이 아니라고 성경은 분명히 말씀하고 있습니다. 그것은 우리 영혼의 원수(마귀)로부터 나온 것입니다.

부모들에게는 자기 아이를 위해 공포의 영을 물리칠 수 있는 (예수 그리스도로 말미암은) 권세와 능력이 있습니다. 공포는 주님의 권세와 능력 앞에 아무 힘을 쓰지 못합니다. 공포를 제어할 권세를 가지고 있는 사람은 바로 우리입니다. 원수의 힘을 모두 부술 수 있는 권세를 예수께서 우리에게 주셨습니다(눅 10:19 참조). 사단에게 속아서 그 반대로 생각하는 일이 있어서는 안 되겠습니다. 기도를 했는데도 계속 무서운 마음이 들면, 믿음이 더 강한 두세 사람을 불러서 같이 기도하십시오. 주님의 이름으로 두세 사람이 모인 곳에는 그들 중에 주님이 함께하십니다(마 18:20 참조). 두려움과 주님의 임재는 같은 자리를 차지할 수가 없습니다.

우리에게는 예수께서 계시기 때문에 우리나 우리 아이들은 절대로 공포의 영과 함께 살거나 그것을 삶의 한 방식으로 받아들일 필요가 없습니다.

기도

주님, "내가 여호와께 구하매 내게 응답하시고 내 모든 두려움에서 나를 건지셨도다"(시 34:4)라고 하나님의 말씀은 기록하고 있습니다. 하나님께서 나의 기도를 들으시는 줄 믿고 오늘 이 시간 하나님을 바라봅니다. 기도하옵나니, 아이를 사로잡으려고 위협하는 그 모든 두려움에서 우리 ○○(아이의 이름)를 구원하여 주옵소서. 디모데후서 1장 7절에서 "하나님이 우리에게 주신 것은 두려워하는 마음이 아니요 오직 능력과 사랑과 근신하는 마음"이라고 하나님은 말씀하셨습니다. 하나님의 사랑으로 이 아이를 감싸주사 모든 두려움과 의심을 다 씻어 주시옵소서. 이 아이를 사로잡으려고 위협하는 어떤 공포보다 훨씬 능하신 하나님의 사랑이 이 아이와 함께하고 있음을 느끼게 하여 주옵소서. 이 아이를 도우사 하나님의 능력을 전적으로 의지함으로 하나님에 대한 강한 확신과 믿음을 든든히 가지게 하옵소서. 이 아이에게 건전한 마음을 주셔서, 사단이 이 아이에게 제시하는 것은 모두 거짓 증거임을 깨닫게 하여 주시고, 그것은 현실과는 아무 상관도 없는 것임을 깨닫게 하여 주옵소서.

진짜 위험이 있거나 두려워할 만한 타당한 이유가 있을 때는 이 아이에게 지혜를 주시고 이 아이를 보호해 주시며, 하나님께로 가까이 이끌어 주옵소서. 이 아이를 도우사 자기의 두려움을 부인하지 않게 하옵시고, 그 두려움을 하나님께 기도로 가지고 나오게 하옵시며, 그것에서 구출해 주옵소서. 또 기도하옵나니, 이 아이를 하나님께로 가까이 이끌어 주시어서 하나님의 사랑이 이 아이의 삶 속에 스며들어가 모든 두려움을 다 몰아내 주옵소서. 하나님의 말씀을 이 아이의 마음속에 심어 주시옵소서. 이 아이가 말씀 속에서 성장해 갈 때, 믿음이 이 아이의 마음과 영혼 속에 뿌리를 내리게 하옵소서.

주님, 모든 두려움에서 우리를 건져 주시겠다고 약속해 주시니 감사합니다. 오늘 우리 아이들에게 두려움으로부터의 자유를 주시기를 예수님의 이름으로 기도합니다. 아멘.

싸움에서 이기는 나의 무기

"주를 두려워하는 자를 위하여 쌓아두신 은혜 곧 인생 앞에서 주께 피하는 자를 위하여 베푸신 은혜가 어찌 그리 큰지요"(시 31:19).

"두려워 말라 내가 너희와 함께함이니라 놀라지 말라 나는 네 하나님이 됨이니라 내가 너를 굳세게 하리라 참으로 너를 도와주리라 참으로 나의 의로운 오른손으로 너를 붙들리라"(사 41:10).

"저가 너를 그 깃으로 덮으시리니 네가 그 날개 아래 피하리로다 그의 진실함은 방패와 손방패가 되나니 너는 밤에 놀램과 낮에 흐르는 살과 흑암 중에 행하는 염병과 백주에 황폐케 하는 파멸을 두려워 아니하리로다"(시 91:4~6).

"여호와는 나의 빛이요 나의 구원이시니 내가 누구를 두려워하리요 여호와는 내 생명의 능력이시니 내가 누구를 무서워하리요"(시 27:1).

"사망의 줄이 나를 얽고 불의의 창수(漲水)가 나를 두렵게 하였으며 음부의 줄이 나를 두르고 사망의 올무가 내게 이르렀도다 내가 환난에서 여호와께 아뢰며 내 하나님께 부르짖었더니 저가 그 전(殿)에서 내 소리를 들으심이여 그 앞에서 나의 부르짖음이 그 귀에 들렸도다"(시 18:4~6).

"사랑 안에 두려움이 없고 온전한 사랑이 두려움을 내어쫓나니 두려움에는 형벌이 있음이라 두려워하는 자는 사랑 안에서 온전히 이루지 못하였느니라"(요일 4:18).

제 20 일

건전한 정신을 가진 자녀

세상과 사단은 당신 자녀의 마음을 지배하려고 온갖 노력을 다하고 있습니다. 그러나 기쁜 소식은 그러한 노력을 제어할 권세를 당신이 가지고 있다는 것입니다. 만일 당신의 자녀가 아직 어리다면, 그 아이가 보는 텔레비전 프로그램이나, 영화, 비디오라든가, 또 그 아이가 듣는 라디오 프로그램, 테잎, 씨디(CD)라든가, 아이가 읽는 책이나 잡지 등을 부모가 충분히 통제할 수 있습니다. 그러나 무엇보다 가장 중요한 것은, 당신에게는 기도의 능력이 있다는 것입니다. 그래서 당신이 매일 매일 줄 수 있는 영향력 밖에 아이가 있다 하더라도, 그 아이의 정신이 건전하여지기를 위해서, 하나님의 보호하심을 받기 위해서, 또 자유로워지기를 위해서 기도할 수가 있습니다.

예수를 영접하고 성령으로 충만해지고 나서 생기는 놀라운 일들 중의 하나는, 다른 모든 축복과 더불어, 다른 방도로는 도저히 얻을 수 없는 정신의 안정과 건전함을 얻는다는 것입니다. 그렇게 될 수 있는 이유는 우리에게 그리스도의 마음이 주어졌기 때문입니다. 빌립보서 2장 5절은 "너희 안에 이 마음을 품으라 곧 그리스도 예수의 마음이니"라고 말씀하십니다. 우리는 세상적인 마음을 물리치고 그리스도의 마음이 우리를 다스리도록 할 수 있습니다. 모든 생각을 주님 앞에 무릎꿇게 함으로써 우리 마음을 계속해서 새롭게 할 수가 있는 것입니다.

우리 어머니는 20대 초반부터 67세에 돌아가실 때까지 정신 질환으로 고생하셨습니다. 사람이 환상의 세계 속에서 살면서 자기 마음속에 들어오는 생각들을 통제하지 못한다는 것이 어떤 것인가를 나는 직접 보았습니다. 그것은 아주 무서운 경험이었습니다. 내가 주님을 알게 된 후부터는 우리 아이들이나 내가 그런 불안정한 정신을 이어받지 않게 되기를 자주 기도하였습니다. 걱정이 될 때마다 나는 "하나님이 우리에게 주신 것은 두려워하는 마음이 아니요 오직 능력과 사랑과 근신하는 마음이니라"(딤후 1:7)고 나 자신에게 말해 주었습니다.

"하나님은 나에게 건강한 마음을 주셨다. 그 하나님은 우리 아들에게도 건전한 마음을 주셨고 우리 딸에게도 건전한 마음을 주셨다. 나는 이것보다 못한 것은 아무것도 인정하지 않겠다."

나는 이 말을 여러 번 했습니다.

우리는 정신 질환을 대물림할 필요도 대물림받을 필요도 없습니다. 정신적 불균형은 우리 아이들을 위한 하나님의 뜻이 아니기 때문입니다. 혼란스런 생각이나 불안정한 생각도 마찬가지입니다.

    건전한 마음을 갖게 되는 중요한 요인은 마음속으로 무엇이 들어가냐 하는 것과 큰 관계가 있습니다. 세상에서 나오는 것들로 우리 마음을 채우면 우리에게는 혼란이 옵니다. 우리 마음을 하나님의 것들로 채우면, 특히 하나님의 말씀으로 채우면, 생각이 맑아지고 마음에 평화가 옵니다. "하나님은 어지러움의 하나님이 아니시요 오직 화평의 하나님이시니라"(고전 14:33)고 성경은 말씀합니다. 부모는 자녀들이 마음에 하나님의 말씀을 소유하여 혼란을 몰아내고 건전한 마음을 갖도록 최선을 다해야 합니다.

    하나님은 우리에게 건전한 마음을 주셨습니다. 우리 아이들을 위해 그보다 못한 것들을 받아들여야 할 이유가 어디 있습니까? 하나님께 기도하십시다.

기도

주님, 우리에게 건전한 마음을 약속해 주시니 참으로 감사합니다. 우리 ○○(아이의 이름)에게 그 약속을 시행해 주시기를 나의 권리로써 요청합니다. 이 아이의 마음이 투명하고 깨어 있으며, 총명하고 똑똑하며, 안정되어 있고 평화로우며, 단정하게 되기를 기도합니다. 이 아이 마음속에는 혼란이나 우둔함, 불균형이나 어지러움, 정돈되지 않은 생각이나 부정적인 생각이 없기를 기도합니다. 복잡하게 얽히고 설킨 생각들이 이 아이의 마음을 차지하지 않기를 기도합니다. 도리어, 언제나 올바르게 생각할 수 있도록 생각의 명료함을 주시기 원합니다. 분명한 결정을 할 수 있는 능력을 주옵시고, 자기가 알아야 할 필요가 있는 모든 것을 이해할 수 있는 능력을 주옵시고, 자기가 꼭 해야 할 일에 집중할 수 있는 힘을 주시옵소서. 지금 정신적 불안감이나, 정신적 장애, 혹은 정신적 역기능이 있는 곳에는 예수의 이름으로 명하노니 치유가 있을지어다. 이 아이가 자기 영의 새롭게 함을 받게 하옵시고(엡 4:23 참조), 그리스도의 마음을 품게 하옵소서(고전 2:16 참조).

우리 아이가 온 마음과 정성과 뜻을 다하여 주님을 사랑함으로, 그 마음속에 마귀의 거짓말이나 세상의 분요한 생각들이 파고 들어올 틈이 전혀 없게 하여 주시옵소서. 하나님의 말씀이 이 아이 마음속에 뿌리 내리게 하시고, 이 아이의 마음속에는 진실되고 고귀하며, 의롭고 순수하며, 사랑스러운 것들로 충만하게 하여 주시옵소서. 그래서 이 아이가 좋은 평판을 들으며, 덕스럽고 칭찬할 만한 아이가 되게 하여 주시옵소서(빌 4:8 참조). 자기 마음속으로 들어가는 것이 자기의 한 부분이 된다는 것을 이 아이가 이해하게 도와주셔서, 보고 듣는 것을 조심스럽게 판단하게 하옵소서.

"주께서 심지가 견고한 자를 평강에 평강으로 지키시리니 이는 그가 주를 의뢰함이니이다"(사 26:3)라고 주께서 말씀하셨습니다. 기도하옵기는, 하나님과 하나님의 말씀에 대한 이 아이의 믿음이 날로 날로 자라서 마음이 평화롭고 건전한 가운데 평생 살아가도록 도와주시옵소서. 예수님의 이름으로 기도합니다. 아멘.

싸움에서 이기는 나의 무기

"너희는 이 세대를 본받지 말고 오직 마음을 새롭게 함으로 변화를 받아 하나님의 선하시고 기뻐하시고 온전하신 뜻이 무엇인지 분별하도록 하라"(롬 12:2).

"아무것도 염려하지 말고 오직 모든 일에 기도와 간구로 너희 구할 것을 감사함으로 하나님께 아뢰라 그리하면 모든 지각에 뛰어난 하나님의 평강이 그리스도 예수 안에서 너희 마음과 생각을 지키시리라"(빌 4:6,7).

"우리의 싸우는 병기는 육체에 속한 것이 아니요 오직 하나님 앞에서 견고한 진을 파하는 강력이라 모든 이론을 파하며 하나님 아는 것을 대적하여 높아진 것을 다 파하고 모든 생각을 사로잡아 그리스도에게 복종케 하니"(고후 10:4,5).

"육신의 생각은 사망이요 영의 생각은 생명과 평안이니라"(롬 8:6).

"그러므로 내가 이것을 말하며 주 안에서 증거하노니 이제부터는 이방인이 그 마음의 허망한 것으로 행함같이 너희는 행하지 말라 저희 총명이 어두워지고 저희 가운데 있는 무지함과 저희 마음이 굳어짐으로 말미암아 하나님의 생명에서 떠나 있도다"(엡 4:17,18).

제 21 일

주님의 기쁨을 간직한 자녀

한 어린 십대 소녀가 내게로 다가왔습니다. 그 아이는 몹시 슬픈 눈빛을 띠고 있었으며, 이마에는 깊은 주름이 패여 있었고, 얼굴은 여위고 긴장되어 있었습니다. 그 다음 한 시간 남짓 동안 그 소녀는 자기 인생의 고통을 나에게 이야기해 주었는데, 말하는 동안 줄곧 울고 있었습니다. 그 아이는 우리가 상상할 수 있는 모든 부정적인 감정들을 다 느끼고 있었는데, 심지어는 자살할 생각까지 가지고 있었습니다. 나는 그 아이와 함께 관심사 하나 하나를 위해 기도하였고, 그리고 나서 이 아이에게 "화관을 주어 그 재를 대신하며 희락의 기름으로 그 슬픔을 대신하며 찬송의 옷으로 그 근심을 대신하시기를"(사 61:3) 하나님께 기도하였습니다.

기도를 마치고 났을 때 그 아이의 달라진 얼굴을 보고 나는 깜짝 놀랐습니다. 기쁨이란 찾아볼 수 없이 일그러졌던 표정이 고요히 빛을 발하는 아름다운 얼굴로 바뀌어 있었습니다. 기쁨의 영(靈)이 이미 뿌리를 내리기 시작하여서 그 아이는 전혀 다른 사람처럼 보였습니다. 그 날 이후 나는 이 아이가 자신감과 아름다움이 넘치는 모습으로 자기 주변에 있는 모든 사람에게 사랑을 받고 있는 광경을 보았습니다.

오늘날 많은 십대들이 의기소침한 기분 때문에 고생을 하고 있다는 것은 참으로 서글픈 일입니다. 그런데 더욱 좋지 않은 것은 그것을 해결하지 못한 채로 어른이 된다는 것입니다. 그 우울한 기분은 삶에 흥미를 잃게 하고, 자기 직업에 영향을 끼치며, 인간 관계를 나쁘게 하며, 건강을 망치며, 그들의 신관(神觀)에 영향을 주기도 합니다.

그런데 사실 이런 일은 생길 필요가 없는 것입니다. 어떤 종류의 경험을 했던간에, 그것 때문에 의기소침해서 살 필요도 없으며, 그 외 다른 좋지 않은 감정을 안고 살아갈 필요도 전혀 없습니다. 당신의 자녀가 늘상 슬픔에 젖어 있거나 의기소침하거나, 화를 잘 내거나 변덕스럽거나 하는 등 곤란한 성격의 소유자가 되도록 내버려 두지 마십시오. 기도를 해서 그런 성격에서 아이를 구출하십시오.

누가 부정적인 감정을 속에 품고 있고, 누가 기쁨의 영을 소유하고 있는지 구별하는 것은 매우 쉬운 일입니다. 아이들은 구별하기가 더욱 쉽습니다. 아이들은 어른들처럼 자기 감정을 숨기지 못하기 때문입니다.

자기 아이를 한번 오랫동안 쳐다보십시오. 그 아이의 얼굴에 흔히 나타나는 표정이 평화와 행복, 그리고 기쁨입니까? 아니면 심통, 좌절감, 불만, 분노, 의기소침 또는 슬픔입니까? 그럴 만한 이유가 전혀 없어 보이는 일에 아이가 좋지 않은 태도를 보인 적이 있었습니까? 아이가 우울해 보이거나 감정의 기복을 보이는데도 도대체 아이가 왜 그러는지 설명을 할 수 없었던 때가 있었습니까? 그것이 하나의 습관이 되기 전에 상황을 잘 통제하십시오. 우리 아이가 기쁨의 영의 지배를 받게 해달라고 기도하십시오. 그렇게 하지 않으면 부정적인 감정들은 습관성이 됩니다.

'주님의 기쁨이 아이에게 충만해지기를 위해 기도하면 아이가 다른 사람의 고통에 대해서 동정심이 없게 되는 것은 아닐까' 하는 문제에 대해선 한 순간이라도 염려할 필요가 없습니다. 그런 일은 결단코 일어나지 않을 테니까요. 하나님의 희락은 풍성하고 깊어서 그 기쁨 속에 살아가는 사람 역시 넉넉하고 깊이 있는 자로 만들어 줍니다. 왜냐하면 희락은 현실적 여건과는 아무 관계도 없기 때문입니다. 희락은 하나님의 얼굴을 바라볼 때 생겨나며, 우리에게 영원토록 필요한 분이 오직 하나님 한 분뿐이시라는 것을 바로 인식할 때 풍성해집니다.

당신의 아이가 결코 부정적인 감정을 가지거나 고통스런 감정을 보여서는 절대 안 된다는 이야기를 하고 있는 게 아닙니다. 내가 하고 싶은 말은, 부정적인 감정들이 삶의 한 방식이 되어서는 안 된다는 것입니다. 하나님은 "그 백성으로 즐거이 나오게 하시기"(시 105:43) 때문에 우리는 하나님을 바라보아야 한다는 말을 하고 있는 것입니다. 우리가 그렇게 해 주시기를 하나님께 기도하면 하나님께서는 우리 아이들을 그렇게 기쁨으로 나오게 해 주실 것입니다.

기도

주님, 우리 ○○(아이의 이름)가 기쁨이라는 선물을 받게 하여 주시기를 기도합니다. 오늘 기쁨의 영이 이 아이 마음속에 일어나서 오직 하나님의 임재 안에서만 발견할 수 있는 충만한 기쁨을 깨닫게 하여 주옵소서. 참된 행복과 기쁨은 오직 하나님 안에서만 찾을 수 있음을 이 아이가 이해하게 하옵소서.

부정적인 감정에 사로잡힐 때마다 하나님의 사랑으로 이 아이를 감싸 주옵소서. "이 날은 여호와의 정하신 것이라 이 날에 우리가 즐거워하고 기뻐하리로다"(시 118:24) 하고 이 아이가 말할 수 있게 가르쳐 주옵소서. 절망과 의기소침, 고독, 낙심, 분노, 소외감 등에서 이 아이가 건짐을 받게 하옵소서. 이러한 부정적인 태도들은 이 아이 속에 자리를 잡지 못하게 하옵시고, 이 아이의 인생의 지속적인 한 부분이 되지도 말게 하옵소서. "내 영혼이 여호와를 즐거워함이여 그 구원을 기뻐하리로다"(시 35:9) 하고 이 아이가 자기 마음에 결심하게 하여 주옵소서.

이 아이가 느끼는 부정적인 감정들은 하나님의 말씀의 진리에 반대되는 거짓말임을 알고 있습니다. 하나님의 말씀을 이 아이 마음속에 견고하게 심어주시고, 이 아이의 믿음이 매일 커가게 하여 주옵소서. 이 아이를 하나님의 사랑 안에 거하게 하시고, 오늘과 영원토록 주님이 주시는 기쁨으로부터 힘을 얻게 하여 주옵소서. 예수님의 이름으로 기도합니다. 아멘.

싸움에서 이기는 나의 무기

"내가 아버지의 계명을 지켜 그의 사랑 안에 거하는 것같이 너희도 내 계명을 지키면 내 사랑 안에 거하리라 내가 이것을 너희에게 이름은 내 기쁨이 너희 안에 있어 너희 기쁨을 충만하게 하려 함이니라"(요 15:10,11).

"주께서 생명의 길로 내게 보이시리니 주의 앞에는 기쁨이 충만하고 주의 우편에는 영원한 즐거움이 있나이다"(시 16:11).

"소망의 하나님이 모든 기쁨과 평강을 믿음 안에서 너희에게 충만케 하사 성령의 능력으로 소망이 넘치게 하시기를 원하노라"(롬 15:13).

"그 노염은 잠간이요 그 은총은 평생이로다 저녁에는 울음이 기숙할지라도 아침에는 기쁨이 오리로다"(시 30:5).

"내가 여호와로 인하여 크게 기뻐하며 내 영혼이 나의 하나님으로 인하여 즐거워하리니 이는 그가 구원의 옷으로 내게 입히시며 의(義)의 겉옷으로 내게 더하심이 신랑이 사모(紗帽)를 쓰며 신부가 자기 보물로 단장함 같게 하셨음이라"(사 61:10).

제 22 일

잘못된 집안 내력에서 구출받는 자녀

우리가 어머니의 눈을 닮고, 아버지의 코를 닮으며, 할머니의 머리결을 닮을 수가 있다는 것을 압니다. 그렇지만 우리가 또한 나쁜 기질과, 거짓말하는 경향, 의기소침한 성격, 자기 연민, 시기심, 용서하지 못하는 마음, 완전주의, 교만 등도 물려받을 수 있다는 사실을 알고 계신지요? 이러한 것들과 더불어 또 영적인 기반을 가지고 있는 여타 특징들도 우리 부모님들에게서 우리에게로, 또 우리에게서 우리 아이들에게로 전달될 수가 있습니다. 어떤 가문에는 이혼, 질병, 간통, 술주정, 중독, 자살, 우울증, 소외감, 또는 사고와 같은 것들을 겪는 경향이 있을 수가 있는데, 이런 것들은 모두 운명으로 받아들여지거나 팔자로 잘못 받아들여지고 있습니다. "우리 집안에는 흔히 일어나는 일인 걸요" 하고 말하는 것을 종종 듣습니다.

우리가 우리 자신의 개성이라고 여기는 것이나, 혹은 내 인생만이 지니는 독특성이라고 생각하는 것 중 일부는 실제로는 집안 내력입니다. 자기 조상들이 저지른 죄의 결과들을 자손들이 물려받을 수 있기 때문입니다. "나를 미워하는 자의 죄를 갚되 아비로부터 아들에게로 삼사대까지 이르게 하겠다"(출 20:5)라고 하나님은 말씀하십니다. 이 말씀은 하나님과 사랑의 관계를 맺지 않고 살아가는 모든 사람들을 향한 말씀입니다. 하지만 얼마나 많은 우리 조상들이 하나님과 동행하지 않았으며, 우리는 또 얼마나 자주 하나님께 불순종했습니까? 요는, 우리는 모두 이 말씀에서 지적된 심판을 받아야 마땅한 사람들이지만, 예수 그리스도의 은혜로 말미암아 그런 고통을 겪을 필요가 전혀 없게 된 것입니다. 그 다음 구절에서는 계속해서 하나님의 자비를 보여 주는 말씀을 하고 있습니다.
"나를 사랑하고 내 계명을 지키는 자에게는 천대까지 은혜를 베푸느니라"(출 20:6).

신체적인 특성과는 달리, 조상들의 잘못된 영적인 경향들은 우리가 받을 필요가 없는 것들입니다. 만일 그것을 받는다면 원수(마귀)가 파놓은 거짓말의 구덩이에 의심치 않고 발을 내딛는 꼴밖에 되지 않습니다. 우리는 기도와 성령의 능력을 통하여 그 거짓말의 속박을 부수고 벗어나는 쪽을 선택할 수가 있습니다.

내 자신에 대해서 내가 좋아하지 않는 점이 내 아이들 속에 나타났을 때는 무엇인가 할 수 있는 방법이 있을 것입니다. 그리고 만일 똑같은 이 특성들이 우리 부모에게도 있었고 조부모에게도 있었던 것을 본 적이 있다면, 특별히 이 집안 내력을 분쇄하기 위해 부지런히 기도해야 할 것입니다. 예를 들어, 이혼이 반복되는 어떤 집안에서 자라난 아이는, 이혼이란 부부 관계가 험악해져 갈 때 하나의 출구가 되는 것이라고 잘못 판단할 수가 있습니다. 그러나 이혼의 영(靈)이 하는 거짓말은 하나님의 능력과 말씀의 진리 앞에 노출될 때 힘을 잃게 되고 맙니다.

"하나님께서 그 자비하심으로 우리를 구원하셨고, 성령이 우리를 씻어 새롭게 해서 우리가 은혜로 의롭다 하심을 받았다면, 왜 내가 여전히 죄 문제로 싸워야 합니까?" 하고 수년 전 나는 기독교 상담가에게 질문을 던졌습니다.
『둘 중의 하나입니다. 아직 고백하지 않은 죄가 있거나, 아니면 죄를 계속 짓기로 선택했거나.』
그 상담가의 대답이었습니다.

"이것을 다시 떠올리자니 당혹스럽긴 합니다만, 저는 과거에 있었던 일 때문에 아직도 여러 식구를 용서하지 못하고 있습니다. 어째서 이것을 극복하지 못하고 있을까요?"
『당신 어머니가 용서하지 못하는 분이시지요? 안 그런가요?』
"상당히 그런 편이시지요. 그 분은 가족 대부분을 용서하지 못하셨어요. 그래서 어머니는 식구들과 거리를 두셨지요. 그런 이유 때문에 친구도 거의 없습니다. 조그마한 마찰에도 어머니는 용서하지 못하고 친구들과 절교하거든요."
『당신의 성격 속에도 용서하지 못하는 성격을 물려받았을 가능성이 있을 것이라고 생각해 보신 적은 없나요? 아이들은 자기 부모의 모습을 그대로 닮거든요.』

용서하지 못하고 꽁한 채로 있을 수 있는 가능성이 내 자신 외에 다른 식구들에게도 있을 것이라고는 나는 꿈에도 생각하지 않았습니다. 그러나 생각해 보니 이런 특성이 다른 식구들에게도 심각하게 나타났던 것을 본 기억이 났습니다. 분명히 어느 가정이건 식구마다 어느 시점에선가는 이런 문제에 부딪치게 됩니다. 그러나 대부분은 가족간의 유대 관계에 이렇다 할 틈을 남길 만한 마찰이나 불화나 반목이 없이 이 문제를 극복합니다.

"그렇다고 해서 용서해야 할 책임이 내게서 면해지는 것은 아니라는 것을 알고 있지만, 하여튼 우리 집안에 이런 내력이 있는 것을 보았어요."
나는 그 상담가에게 말했습니다.
"그런데 더욱 두려운 사실은, 이 내력이 우리 아이들에게도 나타날 수 있다는 것입니다. 이런 저런 일로 아이들이 서로 용서하지 않으려는 모습을 지금 보고 있거든요. 아이들이 다 성장해서 집을 떠난 후에, 아니면 남편과 제가 주님 나라에 간 후에, 아이들이 서로 아무 상관도 없는 사람들이 될지도 모른다는 생각만 해도 저는 가슴이 찢어지는 것 같아요. 나 자신뿐만 아니라 아이들을 위해서라도 이 문제에서 해방되지 않으면 안 되겠구나 하는 생각이 들어요."

그 상담가와 나는 그 날, 우리 집안의 용서하지 않는 죄가 대대로 내려가지 않고 성령의 능력으로 멈추어지기를 간절히 기도하였습니다. "나는 그리스도 안에서 새로운 피조물이다" 하고 하나님의 진리 말씀을 선포하였습니다. 그러므로 나는 과거의 내력이나 죄의 습관대로 살아갈 필요가 전혀 없어졌습니다.

그러한 사실을 안 다음, 나는 용서하지 못하고 있는 내 자신을 발견한 그 순간 즉시 내가 용서하지 못하고 있음을 고백하기로 결심하였습니다. 심지어 한 시간마다 자백해야 한다 하더라도 나는 그렇게 하기로 하였습니다. 하나님께서 나를 용서의 사람으로 만들어 주시기를 기도하였고 또 지금도 여전히 그 기도를 하고 있습니다. 도저히 용서할 수 없는 일을 찾아내는 것은 세상에서 가장 쉬운 일입니다. 그렇기 때문에 용서하지 못할 일을 기꺼이 눈감아주고, 주님께 초점을 맞출 수 있는 사람은 진정 강한 사람입니다.

하나님 앞에 고백과 회개, 그리고 기도를 통하여 용서하지 못하는 나의 마음을 아뢰면 아뢸수록 우리 아이들도 거기에서 점점 해방되어 가는 것을 볼 수 있었습니다. 그리고 두 오누이 사이도 점점 좋아졌습니다. 물론 나 때문에 그 아이들이 용서할 수 있는 능력이 생긴 것은 아닙니다. 그것은 그 아이들 자신의 선택입니다. 바라기는, 지금의 용서하는 태도가 좋은 본이 되어서 용서하는 것이 쉬운 일이 되기를 바라고 있습니다.

집안의 내력이 당신의 아이들에게는 아무 힘도 쓰지 못하는 것을 볼 수 있는 좋은 방법은, 바로 그 내력이 당신 자신에게서 깨어지는 것을 보는 것입니다. 먼저 당신의 삶 속에 있는 죄가 어떤 죄인지 알아내는 것이 가장 좋은 출발점이 됩니다. 죄가 있는 곳에는 반드시 그 뒤에 어떤 영(靈)이 있습니다. 그 죄에게 발붙일 곳과 시간을 다시 주었다가는, 그 배후에 있는 악한 영이 더 많은 참호를 팔 기회를 얻을지도 모릅니다. 예를 들어 봅시다. 거짓말은 죄입니다. 그리고 거짓말에는 항상 거짓말하는 영이 따라 다닙니다. 거짓말을 반복하면 거짓말하는 영에게 자리를 만들어 주는 것이 되며, 얼마 안 가 거짓말은 걷잡을 수 없게 되는 것입니다. 또 하나의 예는 죽고 싶어하는 것입니다. 이것은 죄이며, 그 배후에는 자살의 영이 있습니다. 어떤 사람이 "죽고 싶다"고 자꾸 말하게 되면, 자살의 영이 그 사람의 마음을 장악하게 되고 그래서 얼마 안 가 자살할 생각으로 시달리게 됩니다. 죄를 지었거나 하나님의 방법대로 살지 않은 모습이 당신에게 있다면, 하니님 앞에 나아가 그것을 고백함으로 즉시 회개하십시오. 하나님께 용서해 주시기를 구하고 "하나님, 하나님께서 저를 다스려 주셔서 다시는 이렇게 살지 않도록 도와주시옵소서" 하고 말씀드리십시오.

그 다음으로 할 일은, 나나 내 아이들에게 영향을 줄지도 모르겠다 생각되어서 기도해 온, 할머니나 할아버지, 또는 부모님들 속에 있는 그 가족의 굴레를 찾아내는 것입니다. "너희는 다시 무서워하는 종의 영을 받지 아니하였고 양자의 영을 받았으므로 아바 아버지라 부르짖느니라" (롬 8:15)고 말씀합니다. 그 성령 자신이 우리가 하나님의 자녀임을 우리 영으로 더불어 증거하고 있습니다. 그래서 우리가 하나님의 자녀이면, 또한 우리는 상속자(후사), 곧 하나님의 상속자이며, 그리스도와 함께 한 후사가 되는 것입니다(롬 8:15~17 참조). 우리 집안 죄의 상속자가 아닌 하나님의 상속자가 되기를 우리는 원합니다.

예수의 이름으로 우리 집안의 모든 잘못된 굴레에서 우리는 해방될 수 있습니다. 우리는 성령의 능력으로 그 굴레가 우리 아이들의 생(生)에 발붙일 곳을 찾지 못하게 할 수 있습니다. 당신의 자녀들이 물려받아서는 안 된다고 생각하는 집안의 좋지 않은 특성이 있으면 지금 당장 기도하십시오.

기도

주님, 선인(善人)은 그 산업을 자자손손에게 끼친다고 주님께서는 말씀하셨습니다(잠 13:22 참조). 제가 아이들에게 남겨 줄 유산은 경건한 삶의 보상과 하나님 앞에서의 깨끗한 마음이 되기를 기도합니다. 꼭 그렇게 되기를 위해서 우리 가문으로부터 물려받은 모든 잘못된 굴레를 제게서 벗겨 주옵기를 빕니다. 우리 가문의 죄를 하나님께 고백합니다. 그 죄가 무엇인지 저는 낱낱이 모르나 하나님께서는 알고 계심을 제가 아나이다. 구하옵나니 용서하시고 구출해 주옵소서. 또한 저의 죄를 하나님께 고백하오니 용서하여 주시옵소서. "만일 우리가 우리 죄를 자백하면 저는 미쁘시고 의로우사 우리 죄를 사하시며 모든 불의에서 우리를 깨끗케 하실 것"(요일 1:9)임을 알고 있기 때문입니다. 고백을 해서 죄를 씻음 받으면, 그 죄의 결과를 우리 아이에게 물려줄 가능성이 제거된다는 것을 저는 알고 있습니다.

예수께서는 우리에게 "원수의 모든 능력을 제어할 권세

를 주셨다"(눅 10:19)라고 말씀하셨습니다. 만일 우리 집안의 과거에 있었던 원수(마귀)의 장난이 우리 ○○(아이의 이름)의 인생을 잠식하려고 노린다면, 예수 그리스도 안에서 나에게 주신 능력과 권세로 명하노니, 파멸될지어다. 하나님, 특별히 _____(자기 자녀에게 물려 주고 싶지 않은, 자신에게나 집안에 있는 어떤 점을 아뢰십시오)에 대해 기도합니다. 우리 인생을 향한 하나님의 뜻이 아닌 것에 대해서는 모두 죄로 간주하여 배척합니다.

예수님, 우리를 과거로부터 자유롭게 해 주시려고 오셨으니 참으로 감사합니다. 우리는 과거에 묶여서 살지 않겠습니다. 하나님, "우리로 하여금 빛 가운데서 성도의 기업의 부분을 얻기에 합당하게 하셨사오니"(골 1:12) 감사합니다. 우리 아이가 자기 가문의 잘못된 굴레를 물려받지 아니하고 "창세로부터 너희를 위하여 예비된 나라를 상속하게"(마 25:34) 하여 주시기를 기도합니다. 하나님, 예수님 안에서 옛것은 지나가고 모든 것을 새롭게 하여 주셔서 감사합니다. 예수님의 이름으로 기도합니다. 아멘.

싸움에서 이기는 나의 무기

"그리스도께서 우리로 자유케 하려고 자유를 주셨으니 그러므로 굳세게 서서 다시는 종의 멍에를 메지 말라"(갈 5:1).

"찬송하리로다 우리 주 예수 그리스도의 아버지 하나님이 그 많으신 긍휼대로 예수 그리스도의 죽은 자 가운데서 부활하심으로 말미암아 우리를 거듭나게 하사 산 소망이 있게 하시며 썩지 않고 더럽지 않고 쇠하지 아니하는 기업을 잇게 하시나니 곧 너희를 위하여 하늘에 간직하신 것이라 너희가 말세에 나타내기로 예비하신 구원을 얻기 위하여 믿음으로 말미암아 하나님의 능력으로 보호하심을 입었나니"(벧전 1:3~5).

"주 여호와의 신이 내게 임하셨으니 이는 여호와께서 내게 기름을 부으사 가난한 자에게 아름다운 소식을 전하게 하려 하심이라 나를 보내사 마음이 상한 자를 고치며 포로 된 자에게 자유를, 갇힌 자에게 놓임을 전파하며"(사 61:1).

"그런즉 누구든지 그리스도 안에 있으면 새로운 피조물이라 이전 것은 지나갔으니 보라 새것이 되었도다"(고후 5:17).

"우리도 전에는 어리석은 자요 순종치 아니한 자요 속은 자요 각색 정욕과 행락에 종 노릇 한 자요 악독과 투기로 지낸 자요 가증스러운 자요 피차 미워한 자이었으나 우리 구주 하나님의 자비와 사람 사랑하심을 나타내실 때에 우리를 구원하시되 우리의 행한 바 의로운 행위로 말미암지 아니하고 오직 그의 긍휼하심을 좇아 중생의 씻음과 성령의 새롭게 하심으로 하셨나니 성령을 우리 구주 예수 그리스도로 말미암아 우리에게 풍성히 부어주사 우리로 저의 은혜를 힘입어 의롭다 하심을 얻어 영생의 소망을 따라 후사가 되게 하려 하심이라"(딛 3:3~7).

제 23 일

알콜, 마약, 기타 다른 중독을 피하는 자녀

사단은 우리 아이들을 자기 소유로 삼으려고 합니다. 그래서 자기가 원하는 데로 끌고 가려고 합니다. 알콜 중독, 마약 중독, 기타 다른 것에 중독시키는 것은 사단이 가장 성공하기 쉬운 미끼 중의 미끼입니다. 실제로, 우리 아이들에 대한 공략은 대단한 것이어서 부모들의 도움 없이는 아이들이 그것에 저항하기가 쉽지 않습니다. 다행한 것은, 우리의 지원과 기도와 가르침이 있으면 아이들이 든든히 설 수 있다는 것입니다.

우리 아이들이 알콜과 마약을 피하게 해달라고 기도를 시작하는 것은 아무리 일찍 서둔다고 해도 이르다고 할 수가 없습니다. 대개 이른 나이에 이런 것에 노출되고 또 중독될 가능성이 많기 때문입니다. 또 아무리 기도를 늦게 시작했다고 해도 그것은 늦었다고 말할 수가 없습니다. 유혹은 언제 어디서고 다가올 수가 있기 때문입니다. 내가 아는 한 사람은 50대가 되어서 알콜 중독에 걸렸습니다. 그 사람 말이, 자기는 술에 약하다는 것을 알고 있었다고 합니다. 그래서 술을 곁들인 어느 조촐한 저녁식사 모임에 참석하기 전까지만 해도 술은 가까이하지 않고 지냈다고 합니다. 그런데 그 자리에서 술을 조금 마셔본 것이 화근이 되어 집에 와서도 계속해서 술을 마셔댄 것입니다. 만일 그 사람에게 기도하는 부모가 있었거나 그 사람을 위해 중보기도하는 그룹이 있었다면, 그런 일은 벌어지지 않았을 것입니다.

많은 크리스찬 음악 활동들이 술이나 마약 문제 때문에 주저앉는 모습을 나는 많이 보아왔습니다. 이런 사람들은 최전선에 나와 있는 사람들로, 자기가 총에 맞아 쓰러질 때까지는 총에 맞은 줄도 모르고 있기가 쉽습니다. 그들은 원수(마귀)의 일차 공격 대상이어서 기도로 무장하고 있지 않으면 원수의 함정으로 곧장 떨어지고 맙니다. 유혹에 고의적으로 항복하는 사람들도 있지만, 대부분의 사람들은 바른길을 가고 싶어합니다. 요는, 육신의 충동과 사단의 음모는 우리가 생각하는 것보다 훨씬 강하다는 사실입니다. 우리 누구에게나 다 있는 그런 연약한 순간에, 설마 내가 그런 짓을 할까 하던 그 일을 하게 되고 마는 것입니다. 오직 기도를 통한 하나님의 능력만이 차이를 가져다 줍니다.

설사 당신의 자녀가 이미 이런 면에서 문제가 있고 사단이 이 전투에서 몇몇 고지를 점령했다 하더라도, 하나님 안에서 당신이 어떤 사람인가를 알고 자신감 있게 담대히 그것을 탈환하십시오. 당신의 자녀는 당신의 것이지 사단의 것이 아닙니다. 그리고 당신은 하나님의 보좌 앞에서 자녀들을 위해 변호할 수가 있습니다. 당신은 능력과 권세를 가지고 있습니다. 그러나 사단은 그런 것이 없습니다. 사단의 도구란 거짓말과 속임수뿐입니다. 당신의 구주 예수 그리스도로 말미암아 당신에게 주어진 그 권세로 사단의 거짓말을 꾸짖으십시오. 예수 그리스도는 당신의 자녀를 포함한 당신 인생의 모든 것을 다스리시는 주님이십니다.

"너희가 주의 잔과 귀신의 잔을 겸하여 마시지 못하고 주의 상과 귀신의 상에 겸하여 참예치 못하리라"(고전 10:21)고 성경은 말씀하고 있습니다. 우리 자녀가 몸으로 하는 모든 것들이 하나님의 영광을 위하도록 기도합시다.

기도

주님, 우리 ○○(아이의 이름)가 알콜 중독이나 마약 중독, 그 외 어떤 중독이든 걸리지 않도록 주님께서 지켜 주시기를 기도합니다. 이 아이를 주님 안에서 강하게 하옵시고 가까이 이끄시어 자기 생활을 통제할 수 있는 능력을 주옵소서. 이 아이가 행해야 할 길을 이 아이 마음에 일러 주시고 보여 주옵소서. 자기 몸을 파피시키는 것으로부터 자기 몸을 보호하는 것은 하나님께 대한 사명임을 이 아이가 깨닫도록 도와주옵소서.

술과 마약을 이용해서 이 아이 인생을 망치려는 사단의 음모를 하나님께서 깨뜨려 주시옵기를 기도하나이다. 이런 것들에 끌리기 쉬운 어떤 성향이 이 아이 성격 속에 있사오면 그것들을 모두 제거해 주옵소서. "어떤 길은 사람의 보기에 바르나 필경은 사망의 길이니라"(잠 16:25)고 주님은 말씀하셨습니다. 사망을 불러들이는 것들에게는 "아니오"라고 말하고, 생명을 가져오는 하나님의 것들에게는 "예" 할 수 있는 분별력과 힘을 이 아이에게 주옵소서. 이 아이가 유혹을 받을 때마다 이 진리를 분명히 볼 수 있게 하옵시고, 올무에 걸릴 때마다 사단에게서 이 아이를 구원해 주옵소서. 이 아이가 무엇을 하건 생명의 길을 선택하게 하옵시고, 오직 하나님께만 전심하게 하여 주옵소서. 이 아이가 몸으로 하는 일 모두가 하나님께 영광이 되게 하옵시기를 예수님의 이름으로 기도하옵나이다. 아멘.

싸움에서 이기는 나의 무기

"너희가 육신대로 살면 반드시 죽을 것이로되 영으로써 몸의 행실을 죽이면 살리니"(롬 8:13).

"그런즉 근심으로 네 마음에서 떠나게 하며 악으로 네 몸에서 물러가게 하라"(전 11:10).

"내가 생명과 사망과 복과 저주를 네 앞에 두었은즉 너와 네 자손이 살기 위하여 생명을 택하고"(신 30:19).

"정직한 자는 그 의로 인하여 구원을 얻으려니와 사특한 자는 자기 악에 잡히리라"(잠 11:6).

"그러므로 아들이 너희를 자유케 하면 너희가 참으로 자유하리라"(요 8:36).

제 24 일

성적(性的) 부도덕을 거부하는 자녀

심한 부상이나 사망, 영원한 지옥 형벌 다음으로 우리 자녀들의 인생에서 일어날 수 있는 가장 끔찍한 일은 아마도 성적(性的)인 부도덕일 것입니다. 성적인 죄를 저지름으로 해서 생긴 그 결과는 본인의 일생뿐만 아니라 다음 세대에도 계속되는 경우가 흔합니다. "낙태", "사생아", "간통", "동성애", "성병", "에이즈" 이런 말들을 들으면, 부모는 몸서리가 쳐집니다. 그런데 그 어느 때보다도 현대는 이런 것들이 생사의 문제가 걸린 이슈가 되고 있습니다.

성적인 부도덕에는 반드시 그 결과가 따르며, 결과 없이 여기서 빠져나갈 길은 없다는 것을 우리 모두는 잘 알고 있습니다. 우리가 걱정이 되는 것은 단지 우리 아이들의 몸뿐만이 아닙니다. 성경은 "영혼을 거스려 싸우는 육체의 정욕을 제어하라"(벧전 2:11)고 말씀하고 있습니다. 성적인 죄는 영혼에도 침투합니다.

그래서 나는 우리집 아이들이 어렸을 때부터 이 문제를 위해 기도해 왔고, 지금도 열심히 기도하는 제목 중의 하나입니다. 우리 아이들이 에이즈로 죽는 것은 정말 싫습니다. 우리 아이들이 결혼도 하기 전에 내게 손자들을 안겨 준다면, 그것도 정말 견디기 어려운 일입니다. 이런 커다란 문제들은 제쳐놓는다 하더라도, 아이들이 하나님께 불순종해서 하나님께서 그 아이들을 위해 예비해 놓으신 모든 좋은 것들을 놓친다면, 그것 또한 내가 원하는 바가 아닙니다. 성적인 죄를 범하면, 충만하신 하나님의 임재와 평화와 축복, 기쁨 같은 것들이 다 희생이 되고 맙니다. 그 대가가 너무 비쌉니다.

이 문제를 위해 기도하기 위해 아이들이 십대가 될 때까지 기다려서는 안 됩니다. 그것은 마치 하나님의 법도대로 살아갈 때 우리 삶이 형통하다는 것을 아이들에게 가르치려고 이 아이들이 십대가 될 때까지 기다릴 수 없는 것과 같은 이치입니다. 바로 오늘 이 시간이 기도해야 할 그 때입니다. 성적인 유혹은 어디에나 있습니다. 눈길을 주는 곳마다 바로 눈 앞에 성적인 유혹이 있습니다. 광고판에도, 텔레비전에도, 라디오에도 그것은 있습니다. 영화에도 있고 유행가 가사에도 있으며 책에도 있고 잡지에도 있습니다. 심지어는 뉴스나 스포츠, 건강, 취미 등과 관계된 출판물에도 성적인 유혹이 도사리고 있습니다. 우리 자녀들은 한마디로 성적인 유혹물의 폭격을 받고 있는 것입니다. 우리 아이들은 그런 유혹을 받을 리가 없다고 생각하고 있다면, 그것은 우리가 현실을 부정하면서 살고 있는 것입니다. 당신의 자녀들은 성적인 유혹을 받고 있을 수가 있으며, 그 강도(強度)는 굉장히 셀지도 모릅니다. 아이들에게는 우리의 개입이 필요합니다. 당신의 아이가 이런 면에서 이미 실패를 하였다 하더라도, 하나님께 고백하고, 회개하며, 용서받고, 치유받으며, 새로운 사람이 되는 데는 너무 늦었다고 할 때가 따로 없는 것입니다.

잠언 28장 26절은 "자기의 마음을 믿는 자는 미련한 자요 지혜롭게 행하는 자는 구원을 얻을 자니라"고 말씀하고 있습니다. 우리는 아이들이 하나님을 신뢰하고 자기의 감정을 신뢰하지 말 것을 위해 기도하지 않으면 안 됩니다. 그렇게 함으로써 아이들은 지혜와 함께 동행하게 될 것이며, 위험한 이 함정을 피할 수 있을 것입니다. 우리 아이들이 하나님의 길대로 살아가기 위해 우리 부모 된 자가 기도해야 합니다.

우리 인생을 위한 하나님의 법 중의 하나는 성적인 순결인데, 이것은 아이들이 아주 어렸을 때에 그 기초가 놓여집니다. 당신의 아이가 지금 몇 살이건(이제 걸음마를 시작했건, 십대이건, 삼십대에 들어섰건), 성적인 관계가 있었건 없었건간에, 오늘 이 시간 이후로 성적으로 순결한 삶을 살아가도록 기도를 시작하여야 합니다.

기도

주님, 우리 ○○(아이의 이름)를 평생 동안 성적으로 순결하게 지켜 주시기를 기도합니다. 이 면에서 옳게 행동하게 하옵시고, 순결이 이 아이의 인격에 뿌리를 내려서 그 행동을 이끌어가게 하여 주옵소서. 인간 관계에서 언제나 경건한 규칙을 지키게 하옵시고, 하나님께서 최선의 것이 아닌 경우엔 거부하게 하옵소서. 이 아이의 눈을 열어서 하나님 말씀의 진리를 보게 하옵시고, 결혼 생활 밖의 성(性)은 자기에게 필요한 지속적이며 헌신된 무조건의 사랑이 아님을 깨닫게 하여 주옵소서. 성적 부도덕이 가져다 주는 영혼의 상처로 인해 인격이 파괴되거나 정서 장애가 일어나지 않도록 지켜 주옵소서.

이 아이가 혼전 성교를 하거나, 자기 배우자가 아닌 다른 사람과 성교를 하지 않게 되기를 기도합니다. 동성애가 이 아이에게 절대 접근하지 못하게 하옵시고, 그런 것을 알 만한 기회조차도 허락하시지 않기를 간절히 기도합니다. 악한 의도를 가진 모든 사람에게서 이 아이를 멀리하옵시고, 그런 사람은 이 아이의 인생에서 뽑아내 주옵소서. 성적인 희롱이나 강간으로부터 이 아이를 보호하여 주옵소서. 이 세상에 만연해 있는 부도덕한 성에 이 아이가 호기심을 느끼지 않게 하옵소서. 그리고 "세상과 벗 된 것이 하나님의 원수임을"(약 4:4) 깨닫게 하여 주옵소서. 하나님의 칭찬을 바라는 사람이 되게 하옵시고, 평생 성적인 죄를 단 한 번도 짓지 않게 하여 주옵소서. 이 면에서 실패하게 유혹하는 정욕의 영(靈)으로부터 이 아이를 구원하여 주옵소서. 하나님 보시기에 옳은 그 선(線)을 이 아이가 넘어가려 할 때마다 이 아이 속에 깜짝 놀랄 만한 성령의 경보를 울려 주옵소서.

하나님의 말씀은 이렇게 기록하고 있습니다.
"시험을 참는 자는 복이 있도다 이것에 옳다 인정하심을 받은 후에 주께서 자기를 사랑하는 자들에게 약속하신 생명의 면류관을 얻을 것임이니라"(약 1:12).
해서는 안 될 것을 하고 싶은 유혹이 있을 때에는 이 아이에게 우뢰와 같은 큰 소리로 말씀하사, 성적으로 부도덕한 것에는 "아니오" 하고 옳은 것을 위해 설 수 있도록 하나님 안에서 강하게 만들어 주옵소서. 순결한 상태에 늘 머물러 있어 하나님이 주시는 생명의 면류관을 받도록 하나님의 은혜가 함께하여 주옵소서. 예수님의 이름으로 기도합니다. 아멘.

싸움에서 이기는 나의 무기

"하나님의 뜻은 이것이니 너희의 거룩함이라 곧 음란을 버리고 각각 거룩함과 존귀함으로 자기의 아내 취할 줄을 알고 하나님을 모르는 이방인과 같이 색욕을 좇지 말고"(살전 4:3~5).

"음행을 피하라 사람이 범하는 죄마다 몸 밖에 있거니와 음행하는 자는 자기 몸에게 죄를 범하느니라"(고전 6:18).

"몸은 음란을 위하지 않고 오직 주를 위하며 주는 몸을 위하시느니라"(고전 6:13).

"사람이 감당할 시험밖에는 너희에게 당한 것이 없나니 오직 하나님은 미쁘사 너희가 감당치 못할 시험당함을 허락지 아니하시고 시험당할 즈음에 또한 피할 길을 내사 너희로 능히 감당하게 하시느니라"(고전 10:13).

"오직 각 사람이 시험을 받는 것은 자기 욕심에 끌려 미혹됨이니 욕심이 잉태한즉 죄를 낳고 죄가 장성한즉 사망을 낳느니라"(약 1:14,15).

제 25 일

좋은 배우자를 만나는 자녀

우리집 아들과 딸이 태어나자마자 나는 이 아이들의 아내 될 사람과 남편 될 사람을 위해 기도하기 시작하였습니다. 나는 지금도 그 기도를 하고 있으며, 아이들이 결혼할 때까지 그 기도는 계속될 것입니다. 그 기도와 더불어 이혼의 영(靈)이 아이들의 삶에 접근하지 못하도록 나는 기도하고 있습니다. 그 기도는 너무 시기 상조가 아닌가 하고 생각하는 사람이 있을지 모르겠습니다. 그러나 사실 그렇지가 않습니다. 예수님을 영접하는 결심 다음으로 중요한 것이 바로 결혼의 결정이기 때문입니다. 다른 가족의 생활에 미칠 영향은 말할 것도 없이, 결혼은 아이들의 남은 생애에 지대한 영향을 끼칠 것입니다. 잘못된 결정은 관계된 모든 사람에게 불행과 고통을 안겨 줄 수 있습니다. 누가 누구에게 가장 잘 맞는 배우자인지는 오직 하나님만이 아실 것이므로, 우리가 이 문제를 놓고 제일 먼저 의논해야 할 분도 하나님이시고, 이 문제에 대해 최종 대답을 해 주셔야 할 분도 하나님이십니다.

내가 알고 있는 사람 중에 불행한 결혼 생활을 하거나, 배우자의 학대를 받거나, 배우자가 부정을 저질렀거나, 여러 번 결혼을 한 적이 있거나, 너무 늦게 결혼을 해서 아이를 낳지 못하거나, 혹은 불행히도 독신 생활을 하고 있는 사람들을 보면, 언뜻 머리에 떠오르는 것이 있습니다. 자기들의 배우자를 위해, 또 자기들의 부부 관계를 위해 기도해 주는 부모가 있는 사람이 한 사람도 없다는 사실입니다.

그런 반면에 부부끼리 짝이 잘 맞고 앞에서 말한 문제들을 전혀 알지 못하는 그런 부부들도 있습니다. 그런데 이 사람들 모두가 자기들을 위해 이런 면에서 기도해 주는 부모가 있든지, 아니면 자기들 자신이 기도하면서 하나님이 자기들을 위해 선택해 놓으신 배우자감을 발견하였다는 확신이 들 때까지 기다려 온 사람들이었다는 사실은 전혀 놀라운 일이 아닙니다. 또한 이 사람들은 이 사람, 저 사람을 찾아 날아다니지도 아니하였고, 성적 순결에 관한 하나님의 규칙을 무시하지도 않았습니다. 하나님이 정해 놓으신 배우자를 위해 자기 자신을 순결하게 지켰으며, 그 보상을 지금껏 누리고 있습니다.

다른 사람들의 경우를 살펴보고 또 내 자신의 경험에 비추어 볼 때, 결혼이란 궁극적인 중매인이신 하나님께 우리가 기도할 때 문자 그대로 하늘에서 맺어지는 것이라고 나는 믿게 되었습니다.

　결혼식을 화려하게 한다고 해서 결혼 생활이 행복한 것은 아닙니다. 결혼 생활을 행복하게 만들어 주시는 분은 오직 하나님뿐이십니다. 잠언 19장 21절은 이렇게 말씀하고 있습니다.
"사람의 마음에는 많은 계획이 있어도 오직 여호와의 뜻이 완전히 서리라."
신랑, 신부를 바른길에 들어서게 하는 사람은 결혼 예비학교 강사도 아니고 결혼식 주례자도 아닙니다. 하나님께 의논하고 하나님의 인도하심을 따를 때 바른길로 들어설 수가 있는 것입니다. 그리고 기도만이 우리 아이들이 자기 자신의 기분을 좇아가지 않고 하나님의 뜻을 지속적으로 구하게 하는 유일한 방법입니다.

　하나님의 영(靈)은 결혼 생활을 지속시켜 줍니다. 그러나 이혼의 영은 결혼 생활을 파괴시킵니다. 이혼의 영이 아니라, 성령이 당신 자녀의 장래를 다스리시도록 지금 기도하시기 바랍니다.

　당신의 자녀가 이미 결혼을 하였으면, 당신의 자녀나 그 배우자가 "같은 마음과 같은 뜻으로 완전히 합하기를"(고전 1:10) 위해 기도하시기 바랍니다. 그 이유는 "스스로 분쟁하는 집마다 서지 못하기"(마 12:25) 때문입니다. 둘 사이에 쐐기를 박으려는 이혼의 영에서 두 사람이 해방되기를 위해서 기도하십시오. 당신의 자녀가 이미 이혼을 하였으면, 그 부서진 마음이 치유받기를 위해서 기도하고 다시는 이혼이란 것이 그 자녀의 장래에 생기지 않기 위해서 기도하시기 바랍니다.

당신의 자녀가 지금 몇 살이건간에, 오늘 이 문제를 위해서 기도하십시오. 이혼은 이 세대 영의 한 부분입니다. 그래서 그것은 언젠가 한두 번쯤은 그 누구라도 위협합니다. 하나님의 아들 예수 그리스도를 통해 우리 안에 계시는 성령의 능력으로 우리와 우리 아이들을 위해서 그 영에 저항하는 일에 우리 함께 매진합시다.

기도

주님, 이 아이가 독신으로 사는 것이 하나님의 뜻이 아니라면, 우리 ○○(아이의 이름)에 꼭 맞는 배우자를 보내 주시기를 기도합니다. 완벽한 때에 꼭 맞는 남편(아내)을 보내 주시고, 그 사람에게로 이 아이를 인도하여 주옵소서. 결혼 상대 결정을 내려야 할 때가 오면, 이 아이에게 하나님의 음성을 들을 수 있는 순종의 마음을 주옵시고, 자기의 육체적인 소욕이 아닌 하나님의 말씀에 근거하여 결정하게 도와주시옵소서. 자기의 온 마음을 다하여 하나님을 신뢰하게 하여 주시고 자기 자신의 지식을 의지하지 않게 하여 주옵소서. 이 아이가 범사에 하나님을 인정하여서 하나님이 지시하는 길을 따라가게 하여 주옵소서(잠 3:5,6 참조).

이 아이에게 좋은 남편(아내)이 될 사람을 예비하여 주옵소서. 단순히 사랑에 빠지는 것과, "이 사람이 평생을 함께 보내도록 하나님께서 정해 주신 사람이구나" 하고 확실히 아는 것이 어떤 차이가 있는지를 알게 도와주옵소서. 이 아이가 결혼해서는 안 될 사람에게 끌리고 있으면, 기도하오니 하나님께서 그 관계를 끊어 주시옵소서. 하나님께서 결혼 생활의 중심에 계시지 아니하시면 결혼 생활이 건강하게 유지되지 못한다는 것을 이 아이가 깨닫게 도와 주옵소서. 하나님께서 그 결혼 생활에 복 주시지 아니하시면, 그 결혼이 결코 행복할 수 없습니다. 왜냐하면 하나님의 말씀은 "여호와께서 집을 세우지 아니하시면 세우는 자의 수고가 헛되다"(시 127:1)고 하시기 때문입니다. 기도하옵기는 이 아이들의 집이 든든히 설 수 있는 그런 결혼 생활로 세워 주옵소서.

이 아이가 결혼할 마땅한 상대를 찾아냈을 때 그 사람이 하나님을 사랑하며 하나님의 법대로 살아가며 나에게는 아들(딸) 같으며 다른 모든 식구들에게는 축복이 되는, 경건하고 헌신된 하나님의 종이기를 간절히 기도합니다. 일단 이 아이가 결혼을 하면 이혼 같은 것은 그 아이의 미래에 있지 못하게 하여 주옵소서. 그 어떤 종류라도 정신적인 학대나, 감정의 학대, 신체적인 학대가 있지 못하게 하옵시고, 따로 떨어져서는 결코 맛보지 못할 정신적, 정서적, 신체적 유대가 있게 하여 주시옵기를 기도합니다. 이혼의 영이나, 별거의 영, 불화의 영이 두 사람 관계에 쐐기를 박으려는 시도를 하지 못하게 지켜 주시기를 기도합니다. 두 사람 각자에게 정결하게 살고자 하는 마음을 주옵시고, 부정을 저지르게 하는 그 어떠한 유혹도 다 제거하여 주시옵기를 기도합니다.

이 아이가 평생 한 배우자만 사모하게 하옵시고, 또 가장 친한 친구가 되게 하여 주옵소서. 평생 서로 충성하며 불쌍히 여기고, 상대방의 입장을 생각할 줄 알며, 민감하며, 존경하고 애정이 깊으며, 서로 용서하고 도와주며, 서로 살펴주며 사랑하게 하여 주옵소서. 예수님의 이름으로 기도합니다. 아멘.

싸움에서 이기는 나의 무기

"창조시로부터 저희를 남자와 여자로 만드셨으니 이러므로 사람이 그 부모를 떠나서 그 둘이 한 몸이 될지니라 이러한즉 이제 둘이 아니요 한 몸이니 그러므로 하나님이 짝지어 주신 것을 사람이 나누지 못할지니라 하시니라"(막 10:6~9).

"모든 사람은 혼인을 귀히 여기고 침소를 더럽히지 않게 하라 음행하는 자들과 간음하는 자들을 하나님이 심판하시리라"(히 13:4).

"이르시되 누구든지 그 아내를 내어버리고 다른 데 장가드는 자는 본처에게 간음을 행함이요"(막 10:11).

"아내를 얻는 자는 복을 얻고 여호와께 은총을 받는 자니라"(잠 18:22).

"너희가 이런 일도 행하나니 곧 눈물과 울음과 탄식으로 여호와의 단을 가리우게 하도다 그러므로 여호와께서 다시는 너희의 헌물을 돌아보지도 아니하시며 그것을 너희 손에서 기꺼이 받지도 아니하시거늘 너희는 이르기를 어찜이니이까 하는도다 이는 너와 너의 어려서 취한 아내 사이에 여호와께서 일찍이 증거하셨음을 인함이니라 그는 네 짝이요 너와 맹약한 아내로되 네가 그에게 궤사를 행하도다 여호와는 영이 유여(有餘)하실지라도 오직 하나를 짖지 아니하셨느냐 이는 경건한 자손을 얻고자 하심이니라 그러므로 네 심령을 삼가 지켜 어려서 취한 아내에게 궤사를 행치 말지니라 이스라엘의 하나님 여호와가 이르노니 나는 이혼하는 것과 학대로 옷을 가리우는 자를 미워하노라 만군의 여호와의 말이니라 그러므로 너희 심령을 삼가 지켜 궤사를 행치 말지니라"(말 2:13~16).

제 26 일

용서할 줄 아는 자녀

무슨 일로 아이들에게 사과해야 할 경우에, 나는 아이들에게 "엄마, 용서할게요"라는 말을 꼭 듣고 싶다고 이야기합니다. 내가 그 말을 들어야 해서가 아니라 아이들이 그 말을 함으로써 좋지 못한 감정에서 완전히 해방될 수 있기 때문에 그 말을 꼭 요구합니다. 마찬가지로, 아이들이 서로 싸울 때는 "미안해", "용서할게" 하고 서로 말하라고 요구합니다. 그 때 당시 꼭 사과하고 싶은 마음이 있지는 않았다 하더라도 그렇게 말하는 것은 결과적으로 그 아이의 영혼 깊숙이 들어가 작용한다는 것을 나는 알고 있었습니다. 다른 사람이 하라고 말하기 전에 아이들 스스로 이 말을 할 수 있고 또 진정 그런 마음을 가진다면 더 이상 바랄 것이 없음은 물론입니다. 그러나 그렇게 되기까지는, 아무것도 하지 않고 용서가 저절로 될 때까지

기다리는 것보다는 이렇게 하는 편이 훨씬 낫습니다.

　나는 아이들에게 이렇게 가르칩니다.
"용서는 네가 마음먹기에 달렸다. 네가 용서하지 않으면, 너의 삶에 어떤 형태로든지 사망을 불러들이는 것이다. 다른 사람을 용서하는 가장 좋은 방법은 네가 용서해야 될 그 사람을 위해 기도하는 것이다. 처음에는 좀 힘들게 느껴질지 모르나, 일단 한번 시작하면 기도할 제목들을 무궁무진하게 찾아내게 될 것이고, 그러면 그 사람을 향한 너의 마음이 점점 부드러워져 가는 것을 느끼게 될 것이다."
　당신도 그런 경험이 틀림없이 있으리라 생각됩니다만, 저절로 용서하게 될 때까지 기다리는 가족들을 나는 많이 보아왔습니다. 용서하고 싶은 기분이 들 때까지는 절대로 용서하는 법이 없는 사람들입니다. 그래서 그 결과, 가족 간에 심각한 간격이 생기는 경우가 허다합니다. 이 사람들은 서로에게 기분 나쁜 말을 예사로 하는 것이 습관이 되어 있습니다. 심지어는 몇 달씩 말도 하지 않고 지냅니다. 이 사람들이 하는 말이나 행동은 서로 깎아내리고, 까다롭게 구는 것들뿐인데, 그 이유는 용서하지 못하게 하는 영(靈)이 거기에 둥지를 틀고 있기 때문입니다. 가족 중 한두 사람이 서로 용서하지 못하고 지낼 때는 가족 모두가 괴롭습니다.
　아버지와 어머니를 공경하고 그 계명에 수반된 장수와 축복의 약속을 받는 비결은, 부모님들의 불완전한 점과 자신에게 상처를 주었던 것들을 자녀 된 자가 용서하는 것입니다. 그와 더불어 자기 형제 자매와 일가 친척들과 친구, 원수, 심지어 자기 자신까지도 용서해야 합니다. 아이들이 이렇게 용서할 수 있도록 우리 부모 된 사람은 격려를 해 주어야 할 필요가 있습니다. 용서하라고 아이들에게 가르치지 않으면, 아이들에게 심각한 결과를 불러올지도 모를 해로운 행위를 우리가 아이들에게 하고 있는 것입니다.

아이들에게 용서하기를 가르치고, 용서하면서 살아가기를 위해 기도해야 합니다. 아이들이 다른 사람을 용서하지 못해서 부자유한 가운데 살아가지 않도록 우리가 도울 수 있는 가장 좋은 길은, 바로 우리 자신이 용서하지 못하는 상태에서 벗어나면 되는 것입니다. 남을 용서하지 못하는 것은 잘못하면 우리 삶의 한 부분이 되어서 우리가 어디를 가든지 이 초과 용량의 짐을 지고 다니지만 우리는 그것을 깨닫지조차 못합니다.

용서가 상대방을 옳은 사람으로 바꾸어 놓지는 못한다 하더라도, 나 자신은 자유롭게 만들어 준다는 사실을 마침내 내가 깨닫게 되었을 때, 나는 이 면에서 위대한 돌파구를 발견한 것 같았습니다. 이전에는 다른 사람을 용서한다는 것은 마치 내가 그 사람에게 "당신이 옳아요" 하고 말하는 것이 아닌가 하는 기분을 항상 느껴왔습니다. 그런데 사실은 그렇지가 않습니다. 용서란 하나님이 정의의 하나님이라는 것을 믿는 것입니다. 그래서 "아버지, 저 사람을 용서하지 못한 채 가슴에 미움을 품는 짓은 더 이상 하지 않겠습니다" 하고 하나님께 말씀드리는 것입니다. 그것은 하나님이 "진실"을 알고 계신다는 것을 인정하는 것이며, 하나님께서 심판관이 되시도록 맡기는 것입니다. 왜냐하면 하나님은 사건(사태)의 전부를 속속들이 알고 계시는 유일한 분이시기 때문입니다.

이사야서 30장 18절은 "대저 여호와는 공의의 하나님이

심이라 무릇 그를 기다리는 자는 복이 있도다"라고 말씀합니다. 만일 우리가 우리의 용서하지 못하는 마음을 하나님께 고백하고, 거기에서 구원받기를 기도하며, 우리가 하나님의 은총을 누리는 동안 하나님께서 공의롭게 처리하시기를 기다리면, 우리는 축복을 받을 것입니다. 용서하지 못하는 나 자신의 감옥에 갇혀 살면서, 그로 말미암아 우리 영혼과 신체, 인간 관계와 우리 인생을 병들게 하느니 차라리 그렇게 하는 것이 훨씬 낫지 않겠습니까?

자기를 마구 때리는 아버지를 아들이 어떻게 용서할 수가 있겠습니까? 자기 딸을 음주 운전으로 죽게 한 사람을 어머니가 어떻게 용서할 수 있겠습니까? 자기에게 치근거리는 삼촌을 어린 소녀가 어찌 용서하겠습니까? 비정하기 짝이 없는 사람에게 그 누군들 자비를 베풀겠습니까? 하나님 앞에 나와 하나님의 완전한 용서를 충분히 맛보기까지는 아무도 그렇게 할 수 없습니다. 하나님 앞에 있는 완전한 용서의 자리로 나아갈 때 우리가 느끼는 그 기쁨과 해방감의 눈물보다 더 귀한 것이 어디 있겠습니까? 용서는 우리에게 생명을 줍니다. 용서가 우리를 새롭게 태어나게 하기 때문이지요. 빌립보서 3장 13,14절은 우리에게 이렇게 말씀합니다.
"형제들아 나는 아직 내가 잡은 줄로 여기지 아니하고 오직 한 일 즉 뒤에 있는 것은 잊어버리고 앞에 있는 것을 잡으려고 푯대를 향하여 그리스도 예수 안에서 하나님이 위에게 부르신 부름의 상을 위하여 좇아가노라."

우리가 과거에 매여 있는 한 우리는 제대로 우리 삶을 영위해 갈 수 없으며, 하나님의 일도 잘 감당하지 못하게 됩니다. 그것은 우리 아이들도 마찬가지입니다. 예수님은 "긍휼히 여기는 자는 복이 있나니 저희가 긍휼히 여김을 받을 것임이요"(마 5:7)라고 말씀하십니다. 우리 아이들이 다른 사람을 긍휼히 여길 수 있도록 기도합시다. 그래서 아이들을 향하신 하나님의 긍휼이 제한되지 않도록 하십시다. 그래야 할 필요가 있을 때마다 아이들이 "용서하겠습니다" 하고 사람들에게 선선히 말할 수 있게 해달라고 기도합시다.

무정한 마음과 용서치 못하는 마음이 하나님과 우리 사이에 담이 되어서 우리 기도를 막는 일이 없도록 기도합시다. 우리에게는 시간이 별로 많지 않습니다. 그런데 해야 할 기도는 너무나 많습니다.

기도

주님, 우리 ○○(아이의 이름)가 언제나 용서하며 살아갈 수 있게 해 주시기를 기도합니다. 자기를 하나님이 얼마나 깊이 용서하시는지 깨닫게 해 주셔서 이 아이도 다른 사람을 자유롭게 용서할 수 있게 해 주시옵소서. 이 아이를 도우사 용서할 결심을 하게 하시되, 자기 기분 내키는 대로 하지 말게 하옵시고, 하나님께서 원하시는 대로 하게 하옵소서. 용서란 상대방의 행동을 정당화시키는 것이 아니라는 것을 이 아이가 이해하게 하여 주옵소서. 오히려 용서함으로 자신이 자유로워짐을 이 아이가 깨닫게 하여 주옵소서. 오직 하나님만이 모든 사정을 속속들이 알고 계시며, 그렇기 때문에 우리는 심판할 권리가 없음을 이 아이가 이해할 수 있게 도와주시옵소서.

주님, 주님은 이렇게 말씀하고 계십니다.
"그의 형제를 사랑하는 자는 빛 가운데 거하여 자기 속에 거리낌이 없으나 그의 형제를 미워하는 자는 어두운 가운데 있고 또 어두운 가운데 행하며 갈 곳을 알지 못하나니 이는 어두움이 그의 눈을 멀게 하였음이니라"(요일 2:10, 11).
내가 용서하지 못하고 어두움 가운데 걸어가고 있는 곳이 어디인지 보여 주시옵소서. 그런 것이 내 삶에 있는 것을 저는 원치 않습니다. 나는 똑똑히 보고 내가 지금 어디로 가고 있는지 알고 싶습니다. 우리 아이도 그렇게 되기를 기도합니다. 이 아이가 언제나 사랑과 용서의 빛 속에 살아가게 하여 주옵소서. 식구를 용서하고 친구와 다른 모든 사람들도 용서하게 하여 주옵소서. 과거를 하나님께 다 내어놓고 하나님의 사죄의 역사를 받아들이게 하옵소서. 분개한 마음이나 비정한 마음, 분노 따위에 사로잡히지 않게 하옵시고, 이런 마음이 들 때마다 하나님께 다 쏟아놓을 수 있도록 도와주시옵소서.

실패했을 때 자기 자신을 용서하게 하옵시고, 이 땅에서 일어나는 일과 자기 인생에서 일어나는 일에 대해서 하나님을 탓하지 않게 하여 주옵소서. 하나님의 말씀에 따라 기도하오니, 이 아이가 자기의 원수를 사랑하게 하여 주옵시고, 자기를 저주하는 자를 축복하며, 자기를 미워하는 자에게 선을 베풀며, 자기를 악의적으로 이용하고 학대하는 자들을 위하여 기도하는 사람이 되게 하여 주옵소서. 그래서 하나님이 주시는 모든 복을 누릴 수 있게 하여 주옵소서(마 5:44, 45 참조). 이 아이로 하여금 하나님의 충만한 용서를 체험하며 살아가게 하시며, 마음 깊이 용서의 자유를 누리며 살아가게 하여 주옵소서. 예수님의 이름으로 기도합니다. 아멘.

싸움에서 이기는 나의 무기

"너희는 모든 악독과 노함과 분냄과 떠드는 것과 훼방하는 것을 모든 악의와 함께 버리고 서로 인자하게 하며 불쌍히 여기며 서로 용서하기를 하나님이 그리스도 안에서 너희를 용서하심과 같이 하라"(엡 4:31,32).

"너희가 사람의 과실을 용서하면 너희 천부께서도 너희 과실을 용서하시려니와 너희가 사람의 과실을 용서하지 아니하면 너희 아버지께서도 너희 과실을 용서하지 아니하시리라"(마 6:14,15).

"주인이 노하여 그 빚을 다 갚도록 저를 옥졸들에게 붙이니라 너희가 각각 그 심중으로 형제를 용서하지 아니하면 내 천부께서도 너희에게 이와 같이 하시리라"(마 18:34, 35).

"노하기를 더디하는 것이 사람의 슬기요 허물을 용서하는 것이 자기의 영광이니라"(잠 19:11).

"서서 기도할 때에 아무에게나 혐의가 있거든 용서하라 그리하여야 하늘에 계신 너희 아버지도 너희 허물을 사하여 주시리라"(막 11:25).

제 27 일

회개하는 자녀

　　자기 죄를 고백하고 회개해서 용서받아야 한다고 가르침을 받지 못했기 때문에 죄책감과 정죄 속에서 살아가는 아이들을 보신 적이 있는지요? 그런 아이들은 죄책감에서 해방된 아이들에게서 찾아볼 수 있는 그런 맑은 눈동자와 자신감에 넘치는 얼굴을 가지고 있지 않습니다. 시편 34편 5절에는 "저희가 주를 앙망하고 광채를 입었으니 그 얼굴이 영영히 부끄럽지 아니하리로다"고 하였습니다. 자기 잘못을 인정하고 그것에 대해 부끄럽게 생각하며 변화되기를 원하는 아이들은, 자기 죄를 숨기고 달라질 의도가 도무지 없는 아이들과는 전혀 다른 용모를 가지고 있습니다.

　고백과 회개는 우리 아이들에게 강조하고 또 강조해야

할 두 개의 인생 원리입니다. 왜냐하면 고백하지 않은 죄는 아이들과 하나님 사이에 두꺼운 벽을 쌓아놓기 때문입니다. 문자적으로 해석하면, '돌아서서 다시는 그렇게 하지 않기로 결심하는 것'이라는 뜻을 가진 「회개」는, 실생활에서는 아이들이 "내가 그렇게 했어요. 정말 잘못했다고 생각합니다. 다시는 그러지 않겠어요" 하고 말할 때 그 모습을 드러냅니다. 죄를 고백하지 않고 회개하지 않으면, 그 아이는 고백하지 않은 죄의 굴레에서 자유로워질 수가 없습니다. 그래서 그것이 그 아이의 얼굴과 그 아이의 성격과 행동에 그대로 나타나게 되는 것입니다.

하나님께 불순종하고 회개하지 아니하는 이스라엘 백성들에게 하나님은 "거기서 너희의 길과 스스로 더럽힌 모든 행위를 기억하고 이미 행한 모든 악을 인하여 스스로 미워하리라"(겔 20:43)고 말씀하셨습니다. 고백하지 않고 회개하지 않은 죄 때문에 자신을 미워하는 것은 악영향을 끼칩니다. 그 표시 중의 하나가 나쁜 자아상(自我像)입니다. 만일 아이들이 죄를 고백하고 회개해야 한다고 가르침을 받지 않으면, 그러한 실패감이나 죄책감은 우리 아이들의 인생에 파멸을 초래할 것입니다.

우리집 아이의 행동에서 죄를 발견하기 전에 아이 얼굴에서 죄를 감지하였던 기억이 납니다. 못된 짓을 하고도 벌을 받지 않은 채 오래 지내면 안절부절 얼마나 마음이 불편한지 모르겠다고 아이들이 종종 말하곤 했습니다.
"그래서 이 엄마가 꼭 알아야 될 것은 알게 해 주세요 하고 엄마는 항상 하나님께 기도하는 거야. 그래서 네가 뭔가 잘못한 일이 있으면 성령께서 꼭 알려 주신단다."

아이들의 안색이 정직하지 못한 행실로 구름이 끼어 있는 것을 보면, "숨겨 둔 죄가 있으면 저한테 알려 주세요" 하고 나는 하나님께 기도를 합니다. 아이들이 죄를 고백하고 회개해서 적절한 벌을 받고 나면, 아이들의 얼굴은 전혀 다른 얼굴이 됩니다. 마치 그 아이들에게서 무거운 짐이나 그림자가 벗겨 나가기라도 한 것처럼 말입니다. 죄는 아주 해로운 영향을 끼칩니다. 고백하지 않은 죄는 우리를 억누릅니다. 그것은 우리의 자아상을 비뚤어지게 하고 어둡게 합니다. 죄를 고백하고 회개하는 마음을 가지면 빛과 생명과 자신감과 자유를 누리게 됩니다.

완벽한 아이란 있을 수가 없습니다. 그래서 아이들 마음 속에 뿌리를 내린 숨은 죄가 있으면 그것을 밝히 보여 달라고 우리는 하나님께 기도해야 합니다. 더 늦기 전에, 죄의 결과가 더욱 심각해지기 전에 지금 처리하는 것이 상책입니다. 하나님은 반드시 그렇게 하실 것입니다. 왜냐하면 하나님은 "마음의 비밀을 아시기"(시 44:21) 때문입니다. "근사하고 호감을 주는 남자"가 사실은 자기 아내를 구타하고, 아이들을 학대하며, 술주정이 심한 사람이었다는 이야기를 우리 모두는 들어본 적이 있습니다. 그 사람은 자기 마음속에 숨은 죄를 가진 사람이었다는 것을 알 수 있을 것입니다. 그와 마찬가지로 우리 아이들 속에 숨어 있는 죄도 언젠가는 바람직하지 않은 상태로 그 모습을 드러내고야 말 것이라는 사실 또한 알 수 있습니다. 그것을 사로잡을 때가 바로 지금입니다.
"너희는 범한 모든 죄악을 버리고 마음과 영을 새롭게 할지어다 이스라엘 족속아 너희가 어찌하여 죽고자 하느냐"(겔 18:31).

당신 자신이나 아이들 속에 숨어 있는 죄를 빛 가운데 드러나게 해달라고 하나님께 기도하십시오. 그래서 그것 때문에 신체적인 대가나 감정적인 대가를 치르지 않게 해달라고 기도하십시오.

죄는 사망으로 인도합니다. 회개는 생명으로 인도합니다. 우리는 하나님께서 우리 죄를 찾아내실 때까지 자기 죄를 고백하지 않으려는 경향이 있습니다. 하나님은 이미 알고 계십니다. 고백은 우리 마음판을 깨끗이 지울 수 있는 기회입니다. 회개는 우리가 다시 시작할 수 있는 기회입니다. 우리도 그렇듯이 우리 아이들도 고백과 회개, 둘 다 필요합니다.

기도

주님, 우리 ○○(아이의 이름)에게 자기 실수를 빨리 고백하려는 마음을 주시기를 기도합니다. 자기 죄를 진실로 회개하게 하셔서 용서받고 정결하게 하여 주옵소서. 이 아이를 도우사 하나님의 법은 이 아이 자신의 유익을 위하여 있음을 알게 하여 주시고, 하나님이 요구하시는 고백과 회개가 생활 방식이 되어야 함을 깨닫게 하여 주옵소서. 하나님 앞에서 진리 가운데 살아가고자 하는 마음을 주옵시고, 다윗처럼 이렇게 말할 수 있게 하여 주옵소서.
"나의 죄악을 말갛게 씻기시며 나의 죄를 깨끗이 제하소서 … 하나님이여 내 속에 정한 마음을 창조하시고 내 안에 정직한 영을 새롭게 하소서 나를 주 앞에서 쫓아내지 마시며 주의 성신을 내게서 거두지 마소서 주의 구원의 즐거움을 내게 회복시키시고 자원하는 심령을 주사 나를 붙드소서"(시 51:2,10~12).

숨어 있는 죄악들을 빛으로 드러나게 하사 고백하게 하시고 회개하게 하시며, 용서받게 하여 주옵소서. 하나님의 말씀은 "허물의 사함을 얻고 그 죄의 가리움을 받은 자는 복이 있도다"(시 32:1)라고 합니다. 우리 딸(아들)이 자기 안에 죄악을 품지 않게 하시고, 오히려 자기 죄를 완전히 고백하려는 마음을 주옵소서. 그리고 "내게 무슨 악한 행위가 있나 보시고 나를 영원한 길로 인도하소서"(시 139:24) 하고 말하게 하여 주옵소서. 이 아이가 죄책감과 정죄 속에 살아가지 않게 하옵시고, 자신이 그리스도 안에서 용서받았음을 온전히 이해하는 가운데 깨끗한 양심으로 살아가게 하옵소서. 이 아이가 언제나 하나님을 사모하게 하옵시고, 빛나는 얼굴을 늘 간직하게 하여 주옵소서. 예수님의 이름으로 기도합니다. 아멘.

싸움에서 이기는 나의 무기

"사랑하는 자들아 만일 우리 마음이 우리를 책망할 것이 없으면 하나님 앞에서 담대함을 얻고 무엇이든지 구하는 바를 그에게 받나니 이는 우리가 그의 계명들을 지키고 그 앞에서 기뻐하시는 것을 행함이라"(요일 3:21,22).

"악인은 그 길을, 불의한 자는 그 생각을 버리고 여호와께로 돌아오라 그리하면 그가 긍휼히 여기시리라 우리 하나님께로 나아오라 그가 널리 용서하시리라"(사 55:7).

"나 주 여호와가 말하노라 이스라엘 족속아 내가 너희 각 사람의 행한 대로 국문할지라 너희는 돌이켜 회개하고 모든 죄에서 떠날지어다 그리한즉 죄악이 너희를 패망케 아니하리라"(겔 18:30).

"자기의 죄를 숨기는 자는 형통치 못하나 죄를 자복하고 버리는 자는 불쌍히 여김을 받으리라"(잠 28:13).

"그러므로 너희가 회개하고 돌이켜 너희 죄 없이 함을 받으라 이같이 하면 유쾌하게 되는 날이 주 앞으로부터 이를 것이요"(행 3:19).

제 28 일

불경건한 요새를 파괴하는 자녀

당신 아이의 속에 무엇인가 당신을 괴롭히는 것이 있음이 분명한데 그것의 정체가 무엇인지 통 알 수 없는 경우를 겪어 보신 적이 있습니까? 그럴 경우에는 하나님이 주신 본능을 무시하지 마십시오. 당신이 감지하고 있는 것이 무엇인지 가르쳐달라고 하나님께 구하십시오. 우리는 천지를 만드신 창조주와 연결되어 있습니다. 그런데 그 창조주는 무슨 일이 진행되고 있는지 완벽하게 알고 계십니다. 우리는 지혜와 계시의 정신을 달라고 그분께 구해야 할 필요가 있습니다.

당신 아이의 얼굴에서 죄책감 같은 것을 감지하였는데 무엇 때문에 그러는지를 몰랐던 때가 있지는 않았는지요? 다시 말해서, 무언가 버릇을 고쳐 놓아야 할 낌새를 채기는 했는데 확실한 증거가 없는 때 말입니다. 그런 일이 우리집 아이들에게 있었을 때 나는 기도했습니다.
"하나님, 하나님은 우리의 어리석음과 우리 죄를 하나님께 숨길 수 없음을 알고 계십니다(시 69:5 참조). 이 아이에게서 내가 느끼고 있는 것의 정체가 무엇인지 가르쳐 주십시오."
그렇게 기도할 때마다 하나님은 아이에게 불경건한 요새가 세워지고 있음을 보여 주셨습니다. 예를 들어, 언젠가 우리집 아이가 금지된 간식을 몰래 먹으려고 자기 침실로 숨겨 들어간 적이 있었습니다. 또 한번은 자기가 하고 싶은 것을 하기 위해서 거짓말을 한 적도 있습니다. 두 경우 다, 내가 기도한 후에 그 죄가 드러나고 말았습니다.

하나님이 우리에게 다 알려 주시니까 너희들이 엄마, 아빠에게 불순종해 보았자 아무 소용이 없다고 아이들에게 나는 항상 말해 주었습니다. 아이들은 곧 내 말을 믿게 되었습니다.

내 머리 속에 생생히 남아있는 기억이 있습니다. 아만다가 일곱 살쯤 되었을 때의 일이었습니다. 아침마다 나는 아만다에게 먹으라고 비타민을 세 알씩 주었습니다. 이것은 의사의 처방을 받은 것이었는데, 아침 식사를 할 때면 그 아이의 접시 옆에 있는 작은 그릇에 그 비타민 세 알을 담아놓게 하였습니다. 처음 얼마 동안은 그 비타민을 먹어야 할 때마다 안 먹겠다고 버텼습니다. 그러다가 차츰 차츰 비타민 먹는 일을 기분 좋게 여기더니 마침내는 불평이 완전히 사라졌습니다. 그쯤 되었을 무렵 나는 아만다에게서 뭔가 석연치 않은 것을 느꼈습니다. 그런데 그것이 무엇인지 도무지 알아낼 재간이 없었습니다. "하나님, 제게 보여 주십시오. 제가 꼭 알아야 할 것이 아만다에게 있습니까?" 하고 나는 기도하였습니다.

며칠이 지나도록 아무 일도 일어나지 않았습니다. 그런데다 우리집이 다른 곳으로 이사를 가야 했으므로 이삿짐을 싸느라고 정신이 없었기 때문에 나는 그것에 별로 신경을 쓰지도 못했습니다. 이삿짐 센터에서 부피가 큰 물건들을 꾸리기 위해 온 날, 우리는 부엌 의자에 매어놓은 작은 방석들을 치우기 시작하였습니다. 아만다의 의자 방석 밑에 스물여섯 알의 비타민이 흩어져 있는 것을 발견하였습니다. 나는 믿을 수가 없었습니다. 나는 남편을 불러서 내가 발견한 것을 보여 주었습니다. 아만다가 학교에서 돌아오면 혼을 내야겠다는 것을 알고 있었지만, 우리는 둘이서 낄낄거리며 웃지 않을 수 없었습니다.

우리는 계속 다른 방석 다섯 개도 풀어나갔는데, 하나만 빼고 나머지 모든 방석 밑에서 스무 개 내지 서른 개의 비타민을 더 찾아내고는 그만 아연실색하지 않을 수 없었습니다. 아만다 의자에서 제일 멀리 떨어져 있는 의자에만 아무것도 없었습니다. 이번에는 배꼽을 잡고 데굴데굴 구르며 우리는 웃었습니다.

아만다가 학교에서 돌아왔을 때, 우리는 얼굴에서 웃음기를 싹 씻어내고 백 개도 족히 넘을 비타민과 물 한 잔을 그 아이에게 내밀었습니다. 그리고는 그 비타민을 전부 먹기 싫으면 우리에게 충분한 설명을 해보라고 말했습니다.

이 사건은 우스꽝스럽기도 하고 사소한 일처럼 보이기도 합니다. 그러나 만일 아만다의 속임수가 적발되지 않고 넘어가서 그것을 제대로 처리할 기회를 갖지 못했더라면, 그것은 더 큰 속임수를 낳았을지도 모르며, 결국에는 속임수가 그 아이 인생에 발판을 마련하게 되었을 것입니다. 심각한 사태가 생기기 전에 우리에게 그런 일들을 밝히 보여 주신 하나님께 감사합니다.

당신이 감지하고 있는 것이 반드시 아이의 죄뿐이어야 할 필요는 없습니다. 그것은 아이가 생각하거나 보았거나 경험했던 어떤 것에 대한 두려움이나 상처일 수도 있습니다. 그것이 절망감일 수도 있고, 혼란이나 시기심, 이기심이나 자만심일 수도 있는 것입니다. 추측해서 알아 맞추는 일은 쉽지가 않습니다. 하나님께 보여 달라고 기도하는 것이 제일 좋습니다. 당장 하나님이 분명하게 인도하시지 않는다 할지라도 계속 기도하는 것이 좋습니다. "우리를 악에서 구하여 주시옵소서"(마 6:13) 하고 기도할 것을 예수님은 우리에게 가르치셨습니다. 어떤 때는 하나님께서 우리 아이들의 생활 속에 성령의 능력으로 개입하셔서 아이들을 악에서 구하여 주시기를 기도하는 것으로 족할 때도 있습니다. 그렇지만 하나님의 도우심으로 우리가 간파하여 대처하는 것이 부모가 할 도리입니다.

지금 아이에게서 아무것도 감지되지 않는다 하더라도, 이번 과에 제시되어 있는 기도문을 따라하는 것이 예방적인 차원에서 아주 좋습니다. 당신의 자녀를 언제나 의심스러운 눈초리로 바라보라는 뜻이 아니라, 아이들의 인생에 요새를 짓기 위해 호시탐탐 미혹하며 기다리고 있는 원수

(마귀)를 의심하라는 것입니다.
"근신하라 깨어라 너희 대적 마귀가 우는 사자같이 두루 다니며 삼킬 자를 찾나니"(벧전 5:8).
그 다음 절이 이것을 어떻게 처리하는 것이 좋을지 그 방향을 우리에게 제시해 주고 있습니다.
"저를 대적하라"(9절).
우리 함께 다음의 기도문대로 기도합시다.

기도

주님, 우리가 하나님께 부르짖을 때에 우리를 구원해 주시겠다고 약속해 주시니 참으로 감사합니다. 우리 ○○(아이의 이름)를 위해 하나님 앞에 나아옵니다. 아이의 인생에 요새를 건축하겠다고 위협하는 모든 불경건으로부터 우리 아이를 구해 주옵소서. 이 아이가 어떤 것에서 자유로 워져야 할지를 저는 모르나 하나님은 아십니다. 이 아이의 삶 속 필요한 곳에 하나님의 구원의 역사가 있기를 빕니다. "우리가 육체에 있어 행하나 육체대로 싸우지 아니하노니 우리의 싸우는 병기는 육체에 속한 것이 아니요 오직 하나님 앞에서 견고한 진을 파하는 강력이라 모든 이론을 파하며 하나님 아는 것을 대적하여 높아진 것을 다 파하고 모든 생각을 사로잡아 그리스도에게 복종케 하시는 것"(고후 10:3~5)을 제가 압니다.

제게 지혜를 주시고, 이 아이에 대한 계시의 정신을 제게 주시옵소서. 사단의 장난을 볼 수가 없어서 하나님을 의지하오니 제가 꼭 알아야 할 그 때에 제게 알려 주옵소서. 제 마음에 말씀하여 주옵소서. 내 영혼 깊은 곳에서부터 아이에 대해 마음이 불안하고 걱정이 될 때면 어떻게 기도해야 하는지 밝히 보여 주옵소서. 제가 보지 못하는 것은 무엇이나 제게 보여 주시고 숨어 있는 것은 모두 빛으로 나아오게 하여 주옵소서. 만일 제가 취해야 할 조치가 있다면 하나님을 의지하오니 보여 주시옵소서. 이 아이들을 키우도록 도와주시니 감사합니다.

하나님, 우리 ○○(아이의 이름)를 하나님 손에 오늘도 맡깁니다. 죄가 뿌리를 내리려 할 때 이 아이를 인도하시고 보호하시며 죄를 깨닫게 하여 주옵소서. 사단이 이 아이의 마음에 발판을 구축하려 할 때에 이 아이를 강하게 하사 싸움에서 이기게 하여 주옵소서. 사단의 침입에 민감하게 하사 하나님께로 달려오게 하옵시며, 곤고할 때에 요새와 피난처가 되어 주옵소서. 이 아이의 마음이 "나를 숨은 허물에서 벗어나게 하소서"(시 19:12) 하고 부르짖게 하옵소서. 주님의 말씀에 따라 내가 선언하노니, 하나님은 이 아이를 모든 악의 역사에서 구원하시며, 하나님의 나라를 위하여 이 아이를 보존하시리라(딤후 4:18 참조). 예수님의 이름으로 기도합니다. 아멘.

싸움에서 이기는 나의 무기

"내가 천국 열쇠를 네게 주리니 네가 땅에서 무엇이든지 매면 하늘에서도 매일 것이요 네가 땅에서 무엇이든지 풀면 하늘에서도 풀리리라"(마 16:19).

"그런즉 저희를 두려워하지 말라 감추인 것이 드러나지 않을 것이 없고 숨은 것이 알려지지 않을 것이 없느니라"(마 10:26).

"악인은 피차 손을 잡을지라도 벌을 면치 못할 것이나 의인의 자손은 구원을 얻으리라"(잠 11:21).

"여호와는 또 압제를 당하는 자의 산성이시요 환난 때의 산성이시로다"(시 9:9).

"너는 내게 부르짖으라 내가 네게 응답하겠고 네가 알지 못하고 크고 비밀한 일을 네게 보이리라"(렘 33:3).

제 29 일

지혜와 분별력을 구하는 자녀

낯선 사람의 차에 타서는 안 된다는 것을 우리 아이가 알까? 깊은 물 가까이서 노는 것이 대단히 위험하다는 것을 우리 아이가 알까? 같은 또래 아이가 본드 흡입 같은 것을 제안했을 때 "안 돼!" 하고 우리 아이가 단호히 말할까? 길 건너기 전에 좌우 양쪽을 다 살펴야 한다는 것을 우리 아이가 기억하고 있을까? 불신자인 처녀에게 청혼하지는 않을까? 위험이 급박하게 다가오고 있을 때 우리 아이가 그것을 감지할 수 있을까?

우리 아이들의 안전과 행복이 그 아이들 혼자서 내리는 결정에 달려 있는 경우가 허다합니다. 만일의 경우 이러한 결정이 가져다 줄 그 결과를 생각할 때 부모는 그저 아찔하기만 합니다.

아이들이 자기 귀를 하나님의 음성에 주파수를 맞춘 채, 지혜와 계시와 분별력의 은사를 가지고 있지 않으면, 아이가 올바른 결정을 내릴 것이라고 확신할 수가 없습니다. 이것을 확보하는 길은 아이들을 위해 하나님께 구하는 것입니다. 야고보서 1장 5절은 "너희 중에 누구든지 지혜가 부족하거든 모든 사람에게 후히 주시고 꾸짖지 아니하시는 하나님께 구하라"고 하였습니다.

하나님의 지혜가 주장하셔서 자기도 모르게 올바른 결정을 내렸던 적이 혹 없으신지요? 좌회전 신호등이 켜지자마자 즉시 좌회전을 하지 않고 약간 뜸을 들이기로 결정한 적이 있을지도 모릅니다. 그런데 마침 달려오던 차가 신호등을 들이받아 버렸습니다. 당신은 잘 판단한 것입니다. 그렇다고 해서 당신이 인정받는 것은 아닙니다. 어떤 사람들은 그것을 단순히 우연의 일치쯤으로 여기기 때문입니다. 나는 그것이 하나님이 주시는 지혜요 분별력이라고 믿습니다. 심지어는 우리가 알지도 못하는 사이에 우리 생명을 부지하는 경우는 또 얼마나 많습니까?

이러한 지혜와 분별력이 아이들의 생활 속으로 흘러들어가기를 바랍니다. 왜냐하면 아이들이 나이를 먹어갈수록 우리 없이 중요한 결정을 내려야 할 경우가 더욱 더 잦아질 테니까요. 우리 아들이 고등학교를 졸업한 후에 몇 가지 중요한 결정을 내려야 했을 때, 나는 사이드 라인 밖에서 숨을 죽이며 이렇게 기도하지 않을 수 없었습니다.
"우리 아이에게 지혜를 주세요, 하나님. 하나님의 분명한 인도하심을 받게 해 주세요."
하나님은 그 기도에 응답하셔서 지금 우리는 크리스토퍼가 내린 결정이 얼마나 올바랐는지를 보고 있습니다. 어떻게 그런 결정을 내릴 수 있었는지는 하나님만이 아십니다.

잠언에는 "지혜로운 아들은 아비로 기쁘게 하거니와 미련한 아들은 어미의 근심이니라"(10:1)고 하였습니다. 정말 맞는 말씀입니다. 현명한 결정을 내리는 아들을 둔 아버지보다 더 자랑스러운 사람은 없을 것입니다. 그러나 자녀가 지혜 없는 행동을 했을 때 그 어머니보다 더 근심하는 사람도 없습니다. 잠언은 또한 말하기를, 만일 우리가 분별력을 찾되 숨겨진 보물을 찾는 것처럼 찾으면 하나님의 모든 지식을 발견하게 될 것이라고 합니다(2:3~5). 우리에게 필요한 것은 모든 지식과 지혜와 분별력이라고 나는 생각합니다. 하나님께 부르짖어 우리 근심을 더는 것이 좋지 않을까요?

기도

주님, 우리 ○○(아이의 이름)에게 지혜와 분별력과 계시의 은사를 주옵시기를 기도합니다. 이 아이를 도우사 온 마음으로 하나님을 신뢰하게 하여 주시옵소서. 자기 자신의 지식을 의지하기보다는 범사에 하나님을 인정하여 어느 길을 택하여야 할지 하나님의 분명한 지시를 듣게 하여 주시옵소서(잠 3:5 참조). 이 아이가 선과 악을 분별하게 도와주옵시고 "이것이 정로(正路)니 너희는 이리로 행하라"(사 30:21)고 말씀하시는 성령의 음성에 민감하게 하여 주시옵소서. 이 아이의 행복이 대부분 지혜와 분별력을 얻는

데 달려 있음을 저는 압니다. 그런데 하나님 말씀에 그 지혜와 분별력은 장수와 부(富)와 인정과 보호와 즐거움과, 만족과 행복을 가져다 준다고 했습니다. 이 모든 것들이 이 아이의 것이 되기를 원합니다. 이 모든 것들이 하나님께서 주시는 복으로 이 아이에게 임하기를 원합니다.

하나님의 말씀에 "여호와를 경외하는 것이 지혜의 근본이요 거룩하신 자를 아는 것이 명철이니라"(잠 9:10)고 했습니다. 하나님을 향한 건전한 두려움과 하나님을 아는 지식을 토대로 하여 이 아이의 지혜와 분별력이 확립되게 하여 주시옵소서. 모든 결정에 대해서 하나님을 의지하게 하셔서 잘못된 선택을 하지 않게 하여 주시옵소서. 모든 지혜와 지식의 보물이 하나님 안에 감추어져 있음을 이 아이로 보게 하옵시고, 구하는 사람에게 하나님께서 그것들을 거저 주심을 알게 하여 주옵소서. 이 아이가 하나님께 지혜와 분별력을 구할 때, 하나님, 이 아이에게 그것을 한량없이 부어 주시사 이 아이의 모든 길이 화평과 생명의 길이 되게 하여 주옵소서. 예수님의 이름으로 기도합니다. 아멘.

싸움에서 이기는 나의 무기

"의인의 아비는 크게 즐거울 것이요 지혜로운 자식을 낳은 자는 그를 인하여 즐거울 것이니라 네 부모를 즐겁게 하며 너 낳은 어미를 기쁘게 하라"(잠 23:24,25).

"지혜가 제일이니 지혜를 얻으라 무릇 너의 얻은 것을 가져 명철을 얻을지니라 그를 높이라 그리하면 그가 너를 높이 들리라 만일 그를 품으면 그가 너를 영화롭게 하리라"(잠 4:7,8).

"여호와의 율법은 완전하여 영혼을 소성케 하고 여호와의 증거는 확실하여 우둔한 자로 지혜롭게 하며"(시 19:7).

"곧 지혜가 네 마음에 들어가며 지식이 네 영혼에 즐겁게 될 것이요 근신이 너를 지키며 명철이 너를 보호하여 악한 자의 길과 패역을 말하는 자에게서 건져 내리라"(잠 2:10~12).

"지혜를 얻은 자와 명철을 얻은 자는 복이 있나니 이는 지혜를 얻는 것이 은을 얻는 것보다 낫고 그 이익이 정금보다 나음이니라 지혜는 진주보다 귀하니 너의 사모하는 모든 것으로 이에 비교할 수 없도다 그 우편 손에는 장수가 있고 그 좌편 손에는 부귀가 있나니 그 길은 즐거운 길이요 그 첩경은 다 평강이니라 지혜는 얻은 자에게 생명나무라 지혜를 가진 자는 복되도다"(잠 3:13~18).

제 30 일

믿음이 성장하는 자녀

십대 자녀나 이십대 초반의 자녀를 둔 부모들이 "우리 아들은 도대체 무얼 하려들질 않아요" 하고 말하는 경우를 얼마나 많이 보았는지 모릅니다.
"우리 딸은 우울한 일이라도 있는 듯 온종일 집 주위만 뱅뱅 도니 참 걱정이에요."
"우리 아들은 성적 불량으로 제적을 당하기 일보 직전인데도 걱정하는 눈치가 전혀 없어요."
"우리 딸은 마치 자기 인생에는 아무 목적도 없다는 듯이 갈 길을 잃은 것 같애요."
각각의 경우, 이 아이들은 자기 삶에 대한 비전이 없어서 몸부림을 치고 있습니다. 하나님과 하나님의 말씀에 대한 믿음이 없어서 그렇습니다.

믿음이 박약한 아이들은 인생에서 더 고전을 하기 마련입니다. 믿음이 박약한 아이들은 긍정적인 동기를 가지고 있지 못하며, 목적 의식이 없고, 그들의 미래가 지금과 다를 것이라는 희망도 없습니다. 믿음이 박약한 아이들은 몇 시간씩이고, 몇 달씩이고 텔레비전 앞에 앉아 있기가 일쑤입니다.

믿음이 박약한 아이들은 무슨 일이 없나 하고 길거리를 배회하다가 결국에는 잘못된 길로 빠집니다. 믿음이 박약한 아이들은 불신 아이들과 어울립니다. 오늘날 문제를 일으키는 아이들의 주요 원인이 바로 여기 있습니다. 예수께서 자기들을 위해 죽으셨다(롬 5:8 참조)는 사실을 이 아이들은 모르고 있습니다. 자기들이 하나님의 사랑을 받는 자녀들이라(요 1:12 참조)는 것도 모르고, 자기들에게도 특별한 목적과 소명이 있음(고전 7:22 참조)을 모르고 있습니다. 그리고 자기들이 확실한 승리자이기 때문에(롬 8:37 참조) 밝은 미래가 보장되어 있다(고전 2:9 참조)는 것도 모르고 있습니다. "믿는 자에게는 능치 못할 일이 없다"(막 9:23)는 것도 모르고 있기 때문에, 자기가 장래에 어떤 사람이라도 될 수 있는 가능성이 있다는 것을 믿지 않습니다. 이 아이들에게 보이는 것이란 자기의 한계요, 실패요, 자기 주변에 있는 어른들과의 싸움뿐입니다. 그래서 결국은 두 손을 들고 말지요.

그러나 그것은 그 이상을 의미합니다. 우리의 한계를 의식하는 것이 반드시 우리가 믿음(신앙)을 가지고 있지 않다는 것을 의미하지는 않기 때문입니다. 믿음이 없음을 보여 주는 증거는 바로 하나님이 한계를 가지고 있다는 그 생각입니다. 그래서 아이들이 확실하며, 변하지 아니하며, 전능하며, 유일한 것에 믿음을 가지고 있지 않으면, 어떻게 그 아이들이 자기 자신을 믿을 수가 있으며, 더더군다나 보장도 되어 있지 않고 불안정하며 힘도 없는 자기 미래는 어떻게 믿을 수가 있겠습니까?

아이들이 태어나서 어른이 된 지금까지 아이를 키워 오면서 내가 깨달은 점은, 아이들이 우리의 영향권 밖으로 떠나갈 때 가지고 간 중요한 것 중 하나가 바로 아이들의 믿음이었다는 사실입니다. 아이들이 하나님과 그 말씀에 대한 확고한 믿음을 가지고 있으며, 마음속에 하나님을 사랑하는 마음이 있다는 것을 우리가 확신하기만 하면, 그 아이들에게 영원한 미래가 보장되어 있다는 것을 우리는 확신할 수가 있습니다. 아이들이 견고한 신앙을 소유하기까지는 부모의 기도가 꼭 필요합니다.

예수님과 매일 함께 있으면서 그 가르침을 듣고 예수께서 하는 일을 지켜 보았던 제자들도 "우리에게 믿음을 더하소서"(눅 17:5) 하고 예수께 간구했습니다. 그 똑같은 간구를 우리 아이들을 위해서 주님께 해야 합니다.
"주님, 우리 아이들의 믿음을 더하소서."

우리가 지금껏 보아온 것보다 훨씬 더 많은 기적을 목도했던 이스라엘 백성들은 그들의 불신앙 때문에 약속의 땅에 들어가지 못했습니다(히 3:19 참조). 우리 아이들이 믿음이 없어서(또는 믿음이 박약해서) 하나님께서 아이들을 위해 약속하신 모든 것을 받지 못하게 되는 것은 우리가 바라는 바가 아닙니다. 우리가 할 수 있는 일은, 아이들에게 하나님의 말씀을 가르치는 것과 아이들의 믿음이 자라도록 기도하는 일입니다. 하나님의 말씀은 아이들 속에 믿음을 심어줍니다.

믿음을 가지고 있는 아이들은 그렇지 아니한 아이들과는 확연히 구별되는 특징들을 가지고 있습니다. 이 아이들은 자신감에 차 있으며, 동기가 잘 개발되어 있으며, 행복해 하며, 미래에 대해 좀더 긍정적이며, 자신을 남에게 잘 줍니다. 사실, 믿음이 강한 사람이라는 표시는 줄 줄 아는 능력에 있습니다. 단지 돈이나 자기 소유물뿐만 아니라, 시간과 사랑과 격려의 말과 도움을 잘 줍니다. 믿음의 사람은 하나님의 사랑으로 충만하여 있어서 다른 사람과 이 사랑을 같이 나눌 기회를 찾고 있습니다.

"그런즉 믿음, 소망, 사랑, 이 세 가지는 항상 있을 것인데 그 중에 제일은 사랑이라"(고전 13:13)고 성경은 말씀합니다. 천국에서는 믿음이 필요하지 않을 것입니다. 왜냐하면 우리는 모든 것을 눈으로 볼 것이기 때문입니다. 소망도 필요하지 않을 것입니다. 천국에서야 더 이상 바랄 것이 무엇이 있겠습니까? 오직 사랑만이 영원토록 계속될 것입니다. 왜냐하면 하나님은 사랑이시며 하나님은 영원하시기 때문입니다. 그렇기 때문에 우리가 얼마나 위대한 일을 했는가는 중요치 않으며, 우리가 얼마나 많이 베풀었는가도 중요치 않습니다. 사랑에서 나온 것이 아니라면, 그것은 아무 의미가 없습니다.
"내가 내게 있는 모든 것으로 구제하고 또 내 몸을 불사르게 내어 줄지라도 사랑이 없으면 내게 아무 유익이 없느니라"(고전 13:3).

사랑으로 우리가 행한 모든 것은 영원토록 지속되며, 그래서 그 상(賞)은 영원한 것입니다.

사랑은 가장 큰 덕목입니다. 그것은 심지어 믿음보다 더 큽니다. 그러나 믿음은 사랑이 시작되는 출발점이 됩니다. 그래서 우리 아이들의 믿음이 더해 가기를 우리는 기도해야 하는 것입니다. 사람들이 주기 싫어하는 이유 중 하나는, 주고나면 자기들이 쓸 것이 충분치 않을 것이라는 생각 때문입니다. 또다른 이유는, 그 사람들 마음속에는 다른 사람들을 향한 하나님의 사랑이 없기 때문입니다. 베풂의 원리(사랑으로, 주님께 하듯, 믿음으로, 지혜와 성령의 인도하심 따라 베푸는 것이 그 원리이다)가 아이들의 마음과 정신 속에 잘 자리잡기 위해 기도해야 합니다. 왜냐하면 아이들이 그 원리에 따라 살 때, 풍성한 축복과 성취를 맛볼 것이 보장되어 있기 때문입니다.

어떤 관심사를 가지고 아이들을 위해 심각하게 기도를 하다 보면, 우리 자신이 먼저 기도하고, 먼저 구원받으며, 먼저 회복되어야 할 필요에 직면하게 됩니다. 만일 우리 속에 용서하지 못하는 마음을 품고 있다면, 어찌 우리 아이들이 용서할 줄 아는 사람이 되게 해 달라고 기도를 할 수 있겠습니까? 만일 우리에게 아직 고백하지 않은 죄가 있다면, 아이들이 회개하게 해 달라고 어찌 힘있게 기도할 수 있겠습니까? 우리가 의심과 싸우고 있다면, 우리 아이들이 믿음으로 충만하게 해 달라고 어찌 하나님께 구할 수가 있겠습니까? 우리가 베푸는 일에 인색하다면 우리 아이들이 베푸는 자가 되게 해 달라고 어찌 기도할 수 있겠습니까? 나도 이런 부족함이 있음을 인정합니다. 그러나 그런 부족함이 있다고 해서 기도하는 일을 멈추거나 하지는 않습니다. 겸비한 마음으로 하나님 앞에 나아가, 나 자신 속에서 발견한 부족함을 고백하고, 하나님께 도와주시기를 구합니다.

예를 들어봅시다. 만일 당신의 믿음이 약하다고 생각이 되면 그렇다고 하나님께 고백하고, 당신의 아이를 위해 기도하기 전에 먼저 그 자리에다 당신의 이름을 넣어 이 과에 실린 기도문을 따라하십시오. "믿음으로 좇아 하지 아니하는 모든 것이 죄니라"(롬 14:23)고 성경은 말씀합니다. 우리가 의심을 하면 그것은 하나님의 말씀을 순종하는 것이 아닙니다. 우리가 믿음을 가지고 있으면 우리는 순종을 하고 있는 것입니다. "하나님이 무엇이든지 다 할 수 있는 것은 아니다"라고 믿는 데서 의심은 생깁니다. 당신 자신의 믿음 부족 때문에 당신과 하나님 사이에 담을 만들지는 마십시오. 오히려 그것(믿음 없음)을 하나님께 달려 나와 기도하라는 초청장쯤으로 여기십시오. 그리고 당신 아이에게뿐만 아니라 당신에게도 믿음을 더해 주시기를 하나님께 간구하십시오.

비록 이 과가 이 책에서 기도를 강조하는 마지막 부분이기는 하지만, 나는 이것이 당신에게는 기도의 시작을 강조하는 부분이 되기를 원합니다. 그래서 아이들을 위해 기도해야 할 어떤 다른 면들이 더 있는지 하나님께서 새록새록 당신에게 나타내 보이시기를 바랍니다. 기도하는 부모로서 당신이 가진 그 능력은 하나님의 능력이라는 사실을 명심하십시오. 당신의 기도가 하나님의 뜻을 행하기 위해 그 능력을 방출시키는 것입니다. 그 능력은 언제든지 사용 가능하며, 공급이 제한되는 법이 없습니다. 단 한 가지 제한 되는 경우가 있다면 그것은 하나님이 응답하시리라는 믿음 이 부족할 때뿐입니다. 그러나 그러할 때에라도 하나님의 은혜는 커서, 나는 믿음이 별로 많지 않다고 느껴질 때에 조차 우리가 가지고 있는 그 작은 믿음을 겨자씨같이 여기 셔서 큰 믿음으로 자라나게 하시는 것입니다.

기도하는 다른 부모들과 함께 한마음이 되어, "기도하는 가운데 심겨진 우리 믿음의 씨앗이 생명을 틔워서 우리 아이들로 하여금 하나님의 마음에 맞는 위대한 사람들로 성장시키게 하옵소서"하고 기도합시다.

기도

주님, 하나님 말씀에 "하나님께서 각 사람에게 나눠 주신 믿음의 분량이 있다"(롬 12:3)고 했습니다. 하나님께서 우리 ○○(아이의 이름)에게 심어주신 그 믿음이 자라게 해 주옵소서. 하나님의 진리의 말씀이 이 아이 속에 확고히 자리를 잡아 믿음이 일취월장 성장하게 하옵시고, 그 말씀이 아이의 삶을 인도하게 하여 주옵소서. 이 아이가 어느 때에든지 하나님을 의지하게 하여 주옵시고, 하나님을 사모함으로 하나님의 진리의 인도하심을 받게 하옵시고, 하나님의 형상을 닮아가게 하옵소서. 하나님을 신뢰하느냐 마느냐는 우리가 내려야 할 결정임을 알고 있습니다. 이 아이가 자신이 소망이 없는 사람이 아니라는 것을 알고 모든 일에 하나님을 앙망하게 되기를 기도합니다. 이 아이의 믿음이 "바라는 것들의 실상이요 보지 못하는 것들의 증거"(히 11:1)가 되게 하여 주옵소서. 이 아이의 믿음을 강하게 하사 자기가 처한 상황과 한계를 극복하게 하옵시고, 모든 것이 합력하여 선(善)을 이룬다(롬 8:28)는 자신감에 가득 차게 하여 주옵소서.

이 아이가 강한 믿음을 소유함으로 하나님과의 관계가 인생의 다른 모든 것들보다, 심지어 부모로서의 저의 영향력보다도 더 우세하게 하여 주옵소서. 말을 바꿔 말하면, 나나 다른 사람의 믿음의 연장으로서가 아니라 자기 자신의 믿음으로 하나님과 관계를 맺도록 하여 주시기를 바랍니다. 내가 더 이상 이 세상에 존재하지 않게 될 때에라도, 이 아이의 믿음이 "견고하며 흔들리지 말며 항상 주의 일에 더욱 힘쓸"(고전 15:58) 만큼 강하게 하여 주시기를 기도합니다.

이 아이가 믿음으로 살아갈 때에 주님의 사랑의 마음을 갖게 하시고 그것이 다른 사람에게도 흘러넘치게 하여 주옵소서. 하나님의 인도하심에 따라 자신과 자기 소유물을 기꺼이 남에게 줄 줄 아는 마음을 주옵소서. 사랑으로 남에게 베푸는 것이 실제로는 믿음으로 하나님께 돌려드리는 것임을 이 아이가 깨닫게 하옵시고, 그렇게 함으로써 잃는 것이 아무것도 없음을 알게 하여 주옵소서. 이 아이가 믿음의 방패를 가지고 이로써 능히 악한 자의 모든 화전(火箭)을 소멸하게 하옵소서(엡 6:16 참조). 믿음으로 굳건히 서서 "나를 능하게 하신 그리스도 예수 우리 주께 내가 감사함은 나를 충성되이 여겨 내게 직분을 맡기심이라"(딤전 1:12)고 고백할 수 있게 하여 주옵소서. 예수님의 이름으로 기도합니다. 아멘.

싸움에서 이기는 나의 무기

"믿음이 없이는 기쁘시게 못하나니 하나님께 나아가는 자는 반드시 그가 계신 것과 또한 그가 자기를 찾는 자들에게 상 주시는 이심을 믿어야 할지니라"(히 11:6).

"그러므로 내가 너희에게 말하노니 무엇이든지 기도하고 구하는 것은 받은 줄로 믿으라 그리하면 너희에게 그대로 되리라"(막 11:24).

"너희가 만일 믿음이 한 겨자씨만큼만 있으면 이 산을 명하여 여기서 저기로 옮기라 하여도 옮길 것이요 또 너희가 못할 것이 없으리라"(마 17:20).

"오직 믿음으로 구하고 조금도 의심하지 말라 의심하는 자는 마치 바람에 밀려 요동하는 바다 물결 같으니 이런 사람은 무엇이든지 주께 얻기를 생각하지 말라 두 마음을 품어 모든 일에 정함이 없는 자로다"(약 1:6~8).

"우리가 선을 행하되 낙심하지 말지니 피곤하지 아니하면 때가 이르매 거두리라 그러므로 우리는 기회 있는 대로 모든 이에게 착한 일을 하되 더욱 믿음의 가정들에게 할지니라"(갈 6:9,10).

부록

다른 부모들과 함께 기도합시다

다른 부모들과 함께하는 아이들을 위한 중보기도 시간을 어떻게 운영하는 것이 좋을지 여러 가지로 시험해 본 후에, 나는 효과가 있는 한 방법을 알아냈습니다. 첫째로, 한 번 기도 모임에 열두 명 정도의 아이를 위해서만 기도하기로 제한을 해야 합니다. 관심사를 함께 나누고 기도 요청을 하며 충분히 함께 기도하는데, 한 아이당 20분에서 30분 가량이 걸리기 때문입니다. 열두 명만 해도 여섯 시간이 걸립니다. 아이들에게 상당한 인내심을 요하는 것은 말할 필요도 없이, 부모로서도 이것은 상당한 시간과 희생을 요구하는 것입니다. 그렇기 때문에 우리는 일 년에 한두 번밖에 이것을 하지 못합니다. 대개는 토요일이나 공휴일에 합니다.

우리는 이런 식으로 시간 계획을 짰습니다. 오후 2시에 기도를 시작해서 오후 5시에서 5시 30분 사이에는 저녁 식사를 위해 잠시 쉬는 시간을 가집니다. 그리고 다시 5시 30분부터 8시 30분까지 기도를 합니다. 어떤 때는 각자 음식을 가져와서 같이 나눠 먹기도 합니다. 또 어떤 때는 음식을 시켜서 먹기도 합니다. 어른들이 기도하는 동안, 다른 방에서 어린아이들을 돌봐주고 놀아주기 위해서 십대 아이들의 도움을 받기도 합니다.

한 가정에 있는 아이들 모두를 위해 하나 하나 기도하고 난 뒤에 다른 가정으로 넘어가는 것은 별로 효과적이지 못합니다. 그 까닭은, 자기네는 다 끝났으니까 집으로 돌아가도 된다고 생각하기 때문입니다. 기도받기 위해 잠깐 들렸다가 돌아가는 사람들 역시 별로 좋지 않습니다. 심지어 더 나쁜 경우는, 기도받으라고 아이를 맡겨놓고 돌아갔다가 기도가 끝나면 다시 와서 아이를 데려가는 경우입니다. 물론 직장을 가진 홀부모로서 그 방법 외에는 달리 어떻게 해 볼 도리가 없는 경우에는 기꺼이 그렇게 하도록 합니다. 그러나 대부분의 경우에, 이 기도 시간은 모든 부모들이 모임 시간 내내 모든 아이들을 위해 헌신하는 시간이 되어야 합니다. 이 점에서 자기들에게 요구되는 것이 무엇인지 사람들에게 미리 알려 주어야 합니다. 그래서 자기들이 전념할 수 있는지 여부를 결정하게 해야 합니다.

우리가 처음 시작하였을 때는 어떤 순서로 해야 할지를 결정하기 위해서 각 가정의 이름을 쭉 써 보았습니다. 그리고 정해진 순서에 따라 한 번에 하나씩 각 가정의 첫아이를 위해서 기도하였습니다. 첫아이를 위한 기도가 끝나면, 두번째 아이, 그 다음에는 세번째 이런 식으로 기도하였습니다.

우리는 항상 아이를 참석시키지 않고 기도 시간을 시작하였는데 그 목적은, 부모들이 편안하게 기도 요청을 하고 관심사를 말하며, 또 아이들이 듣지 않았으면 하는 아주 예민한 문제에 대해서도 기도할 수 있게 하기 위해서입니다. 그리고 나서 아이들을 방으로 들어오라고 해서 아이들 자신의 특별한 기도 제목을 놓고 함께 기도하였습니다. 그 제목들을 위해서 기도할 때 그 아이의 안전 문제와 건강, 보호, 인도하심, 재능과 소질의 개발 문제, 또 앞에서 언급한 부모들의 관심 사항 등도 아울러 기도하였습니다.

한 부모가, 어떤 아이들이 자기 아이의 생활에 나쁜 영향을 준다는 식의 걱정을 표명했다고 해봅시다. 아이들 없이 기도할 때는 그 특정한 친구들에 대해 아주 세세히 기도를 합니다. 그러나 아이들과 함께 기도할 때는, 그 아이가 경건한 친구들을 찾을 수 있는 분별력을 갖기를 위해서 또 경건치 못한 친구들을 거절할 수 있게 되기를 위해서 기도합니다. 아이들이 결코 배신감을 느끼거나 정죄감을 느끼지 않고, 오직 사랑받고 있다는 느낌을 가지도록 여기서는 자유 재량이 중요합니다.

몇 년 동안 우리와 함께 기도해 온 가정들은, 우리가 함께 기도했던 그 시간들이 얼마나 강력한 영향력을 가졌으며, 그 결과로서 받은 기도의 응답이 얼마나 대단했는지 지금껏 이야기를 하곤 합니다. 아이들 역시 이 기도 시간을 매우 좋아했는데 그 이유는, 자기들이 사랑을 받고 있으며 자기들은 특별한 존재라는 기분을 이 기도 시간을 통해 느낄 수 있었기 때문입니다. 성인이 되어 집을 떠나 살고 있는 자녀를 위해 함께 기도하기 위하여 찾아온 부모들도 있었는데, 그들 역시 그 기도에 매우 긍정적인 효과가 있었다고 나중에 간증하였습니다.

부모들이 함께 기도하였기 때문에 얼마나 많은 생명들이 이렇게든 저렇게든 구원함을 받았으며, 또는 구원을 받을 수 있는지 누가 알겠습니까? 당신이 살고 있는 지역에 부모들의 기도 모임을 주저하지 말고 조직하십시오. 그 요구는 대단히 큽니다. 만일 당신이 그 모임을 만들면, 사람들은 올 것입니다.

망망한 바다 한가운데서 배 한 척이
침몰하게 되었습니다.
모두들 구명보트에 옮겨 탔지만
한 사람이 보이지 않았습니다.
절박한 표정으로 안절부절 못하던 성난 무리 앞에
급히 달려 나온 그 선원이
꼭 쥐고 있던 손바닥을 펴 보이며 말했습니다.
"모두들 나침반을 잊고 나왔기에 …"
분명, 나침반이 없었다면 그들은 끝없이 바다 위를
표류할 수밖에 없을 것입니다.

삶의 바다를 항해하는 모든 이들을 위하여
우리는 그 나침반의 역할을 하고 싶습니다.
우리를 구원하신 아름다운 주님을
21세기 문명의 이기(利器)를 통하여
널리 전하고 싶습니다.

우리 나침반 가족은
구원의 복음과 진리의 말씀을 전하며
당신의 믿음 성장과 삶을, 가정을, 증거를,
그리고 당신의 세계와 비전을 돕고 싶습니다.

우리는 그리스도 안에서 형제 자매이며
우리는 당신을 소중하게 생각합니다.

"하나님은 모든 사람이 구원을 받으며
진리를 아는 데 이르기를 원하시느니라."
(디모데전서 2장 4절)

중·고·대·대학원 수석/장학생으로 키운 엄마의 간증!

미국의 예일, 줄리어드, 노스웨스턴, 이스트만, 브룩힐, 한예종, 예원중에서 수석도 하고 장학금과 지원금으로 그동안 10억여 원을 받으며 공부하는 두 아이지만, 그녀는 성품교육을 더 중요시했습니다.

각 교회 어머니 기도회 필독서 선정!

"우리 집 살림을 두 아이를 미국에 유학 보낼 만큼 넉넉하지 않습니다."
그런데 10여 년간 우리는 학비를 내지 않고 두 아이를 공부시키고 있습니다.

이 글이 자녀들을 영향력있는 글로벌 리더로 잘 키우고 싶어 하는 이 땅의 부모님들에게 작은 도움이 되었으면 좋겠습니다."
– 지은이 정삼숙

두 자녀를 잘 키운 삼숙씨의 이야기

정삼숙 사모(성안교회 장학봉 목사) 지음

자녀들을 싸구려로 키우지 않기 위한 삼숙씨의 드림 법칙 14!

● 100퍼센트 신뢰했다 ● 하나님께 고액 과외비를 드렸다 ● 말씀의 신동이 되게 했다 ● 아이들을 우리 집 목사님으로 세웠다 ● 엄마인 나도 함께 레슨을 했다 ● 훈련은 나와 함께 혹독하게 했다 ● 스스로 서게 했다 ● 더 크게 멀리 보게 했다 ● 성품을 우선순위로 삼았다 ● 하나님의 시계를 신뢰했다 ● 자녀의 미래에 귀 기울였다 ● 성경을 통해 하나님을 만나게 했다 ● 아이의 가치를 높였다 ● 문제 앞에서는 나 자신부터 돌아보았다

나를 심히 창대케 하소서

김장환 목사와 함께 / 경건생활 365일

바른 믿음으로 창대의 복을 간구하는 것은 기복 신앙이 아니라 성도의 특권입니다. 하나님은 우리의 영육을 창대케 하십니다!

최신간

우리의 영육을 창대케하는 예화중심! 생활 영성중심! 큐티집 - 선물용으로 최고!!

신국판 / 384면 / 값13,000원

신약전서 - 큐티/가정예배/성경공부/새벽기도와 설교용

각 권 180개 주제의 예화/배경설명/교훈/생활적용/기도… 순서로 된 책!

한국독립교회 및 선교단체 협회장 / 송용필 목사 지음

예수님 마음 품게 하소서
공관복음서에서 예수님 마음 찾아 품기
큐티/가정예배/성경공부/새벽기도와 설교용
예수님의 마음과 가치관을 품고, 성경적 생활 방법 안내!

예수님 성품 닮게 하소서
사도행전, 서신서에서 예수님 성품 닮기
예수님의 성품과 가치관을 품고, 성경적 생활 방법 안내!

예수님 능력 갖게 하소서
서신서, 요한복음, 계시록에서 예수님 능력 갖기
예수님의 능력과 가치관을 품고, 성경적 생활 방법 안내!

망망한 바다 한가운데서 배 한 척이 침몰하게 되었습니다.
모두들 구명보트에 옮겨 탔지만 한 사람이 보이지 않았습니다.
절박한 표정으로 안절부절 못하던 성난 무리 앞에 급히 달려 나온 그 선원이
꼭 쥐고 있던 손바닥을 펴 보이며 말했습니다.
"모두들 나침반을 잊고 나왔기에… "
분명, 나침반이 없었다면 그들은 끝없이 바다 위를 표류할 수 밖에 없을 것입니다.

우리는 삶의 바다를 항해하는 모든 이들을 위하여
그 나침반의 역할을 하고 싶습니다.
우리를 구원하신 위대한 주 예수 그리스도를 널리 전하고 싶습니다.

"하나님은 모든 사람이 구원을 받으며
진리를 아는 데에 이르기를 원하시느니라"
(디모데전서 2장 4절)

자식의 장래는 부모의 무릎에 달려있다

지은이 | 스토미 오마샨 (Stormie Omartion)
옮긴이 | 이영란
발행인 | 김용호
발행처 | 나침반출판사

재발행 | 2023년 4월 1일

등 록 | 1980년 3월 18일 / 제 2-32호
본 사 | 07547 서울특별시 강서구 양천로 583
         블루나인 비즈니스센터 B동 1607호
전 화 | 본사(02)2279-6321 / 영업부(031)932-3205
팩 스 | 본사(02)2275-6003 / 영업부(031)932-3207
홈 피 | www.nabook.net
이 멜 | nabook365@daum.net

ISBN 978-89-318-1044-8
책번호 바-1011

값은 뒤표지에 있습니다.